AF187645

Impressum
Verlag: BABADADA GmbH, Nedderfeld 112 , 22529 Hamburg
Geschäftsführer / Verlagsleitung: Harald Hof
Druck: Books on Demand GmbH, In de Tarpen 42, 22848 Norderstedt

Imprint
Publisher: BABADADA GmbH, Nedderfeld 112 , 22529 Hamburg, Germany
Managing Director / Publishing direction: Harald Hof
Print: Books on Demand GmbH, In de Tarpen 42, 22848 Norderstedt

σχολείο

escola

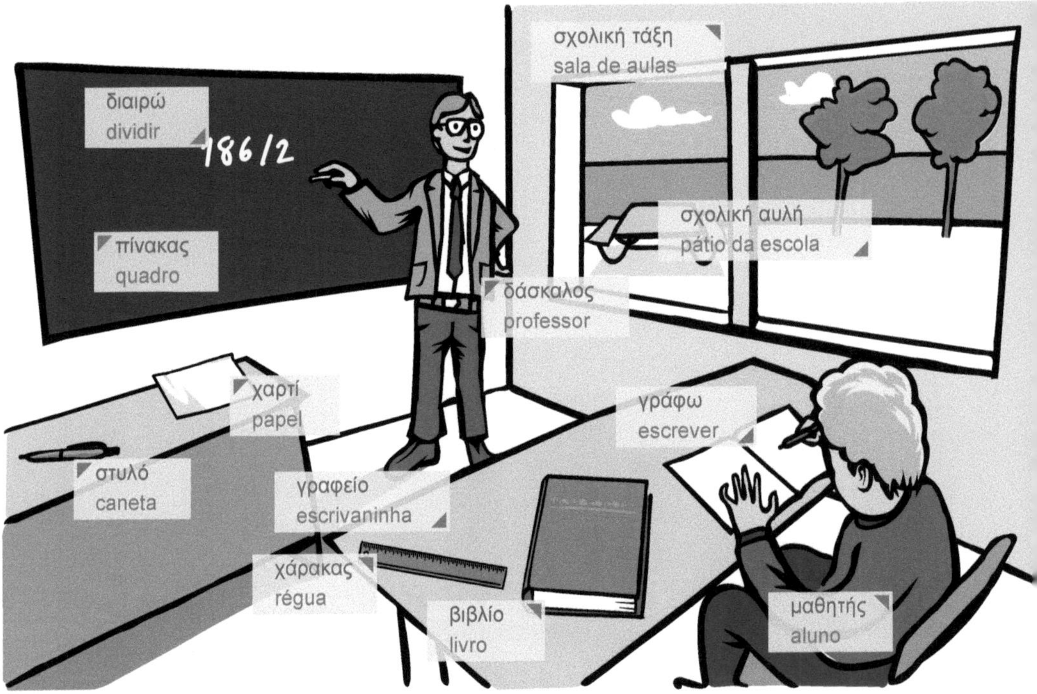

σχολική τάξη
sala de aulas
διαιρώ
dividir
186/2
πίνακας
quadro
σχολική αυλή
pátio da escola
δάσκαλος
professor
χαρτί
papel
γράφω
escrever
στυλό
caneta
γραφείο
escrivaninha
χάρακας
régua
βιβλίο
livro
μαθητής
aluno

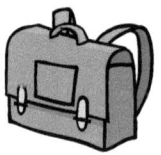

σχολική τσάντα

sacola

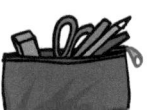

κασετίνα/ μολυβοθήκη

estojo de lápis

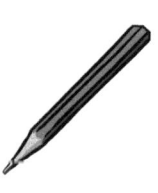

μολύβι

lápis

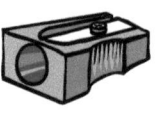

ξύστρα

apontador de lápis

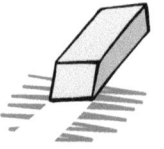

γόμα

borracha

μπλοκ ζωγραφικής

bloco de desenho

ζωγραφική

desenho

πινέλο

pincel

κουτί χρωμάτων

estojo de tintas

ψαλίδι

tesoura

κόλλα

cola

τετράδιο ασκήσεων

livro de exercícios

εργασία για το σπίτι

lição de casa

αριθμός

número

προσθέτω

somar

αφαιρώ

subtrair

πολλαπλασιάζω

multiplicar

υπολογίζω

calcular

γράμμα

letra

αλφάβητο

alfabeto

λέξη

palavra

κείμενο
texto

διαβάζω
ler

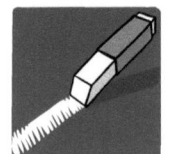

κιμωλία
giz

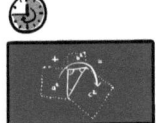

μάθημα
hora

εγγράφομαι
registro da classe

τεστ
exame

πιστοποιητικό
certificado

μαθητική στολή
uniforme escolar

εκπαίδευση
educação

εγκυκλοπαίδεια
enciclopédia

πανεπιστήμιο
universidade

μικροσκόπιο
microscópio

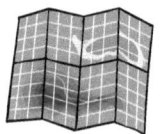

χάρτης
mapa

καλάθι αχρήστων
cesto de lixo

ταξίδι
viagem

ξενοδοχείο
hotel
Grand
ξενώνας
albergue
ROOMS
ανταλλακτήρια συναλλάγματος
casa de câmbio
CHANGE
βαλίτσα
mala
αυτοκίνητο
carro

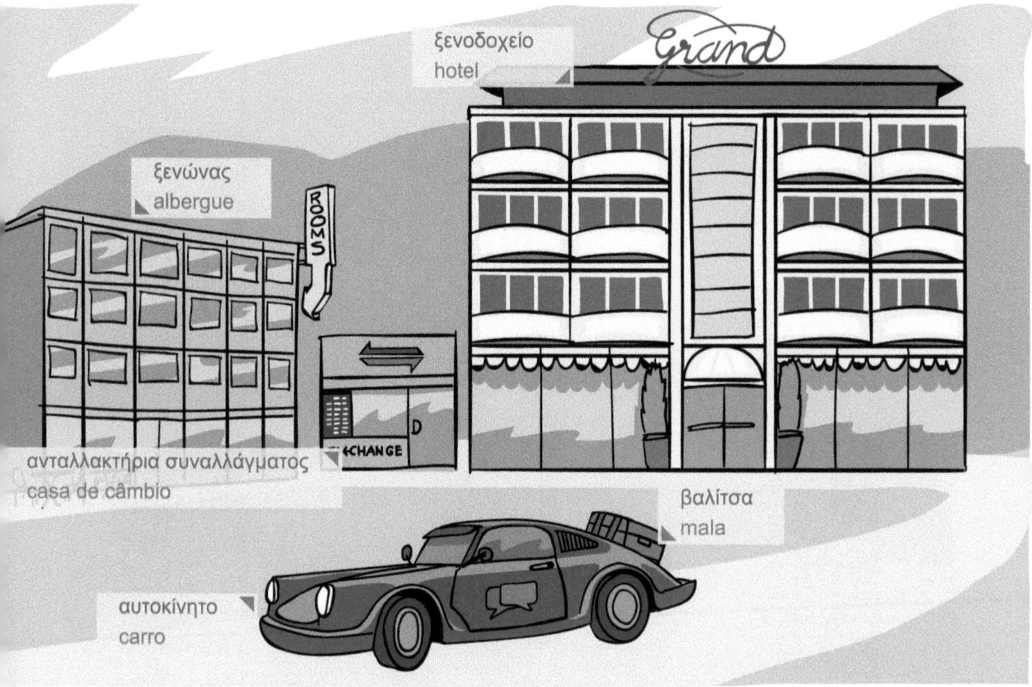

γλώσσα

idioma

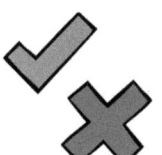

ναι / όχι

sim / não

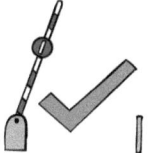

εντάξει

ok

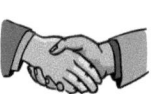

γεια σου

Olá

μεταφραστής

tradutor

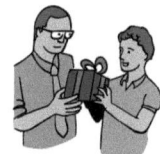

Ευχαριστώ

obrigado

πόσο κάνει ;

quanto custa...?

Δε καταλαβαίνω

eu não entendo

πρόβλημα

problema

Καλησπέρα!

boa noite!

Καλημέρα!

Bom dia!

Καληνύχτα!

Boa noite!

Αντίο

até logo

κατεύθυνση

direção

αποσκευές

bagagem

τσάντα

bolsa

σακίδιο πλάτης

mochila

καλεσμένος

convidado

δωμάτιο

quarto

υπνόσακος

saco de dormir

σκηνή

barraca

τουριστικές πληροφορίες

informação turística

παραλία

praia

πιστωτική κάρτα

cartão de crédito

πρωινό

café da manhã

μεσημεριανό

almoço

δείπνο

jantar

εισιτήριο

bilhete

ανελκυστήρας

elevador

γραμματόσημο

selo

σύνορα

fronteira

τελωνείο

alfândega

πρεσβεία

embaixada

βίζα

visto

διαβατήριο

passaporte

μεταφορά
transporte

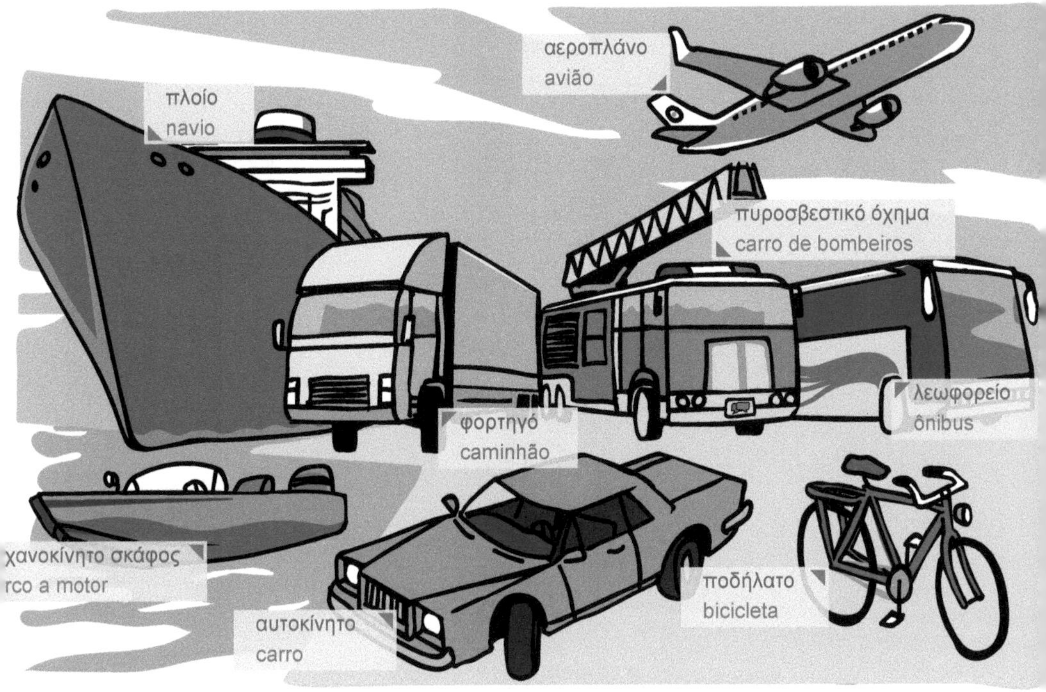
αεροπλάνο
avião
πλοίο
navio
πυροσβεστικό όχημα
carro de bombeiros
λεωφορείο
ônibus
φορτηγό
caminhão
χανοκίνητο σκάφος
rco a motor
ποδήλατο
bicicleta
αυτοκίνητο
carro

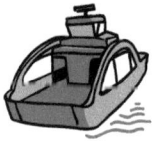

φεριμπότ

balsa

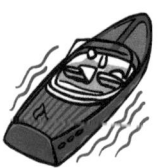

βάρκα

barco

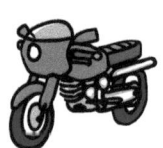

μοτοσικλέτα

motocicleta

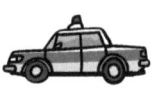

περιπολικό

veículo policial

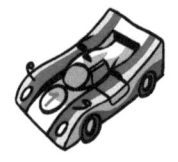

αγωνιστικό αυτοκίνητο

carro de corrida

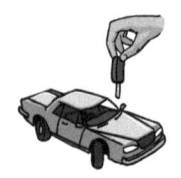

ενοικιαζόμενο αυτοκίνητο

carro de aluguel

διαμοιρασμός αυτοκινήτων

compartilhamento de automóvel

γερανός

caminhão de reboque

απορριμματοφόρο

caminhão de lixo

κινητήρας

motor

καύσιμο

combustível

βενζινάδικο

posto de gasolina

πινακίδα σήμανσης

placa de trânsito

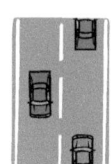

κυκλοφορία

trânsito

κυκλοφοριακή συμφόρηση

trânsito lento

χώρος στάθμευσης

estacionamento

σιδηροδρομικός σταθμός

estação de trem

σιδηροδρομικές γραμμές

trilhos

τρένο

trem

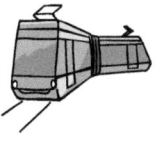

τραμ

bonde

βαγόνι

vagão

ελικόπτερο
helicóptero

αεροδρόμιο
aeroporto

πύργος
torre

επιβάτης
passageiro

εμπορευματοκιβώτιο
contêiner

χαρτοκιβώτιο
cartolina

καρότσι
carroça

καλάθι
cesto

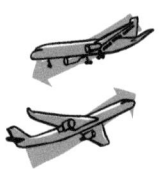

απογειώνομαι /
προσγειόνομαι
decolar / pousar

πόλη
cidade

χωριό
vilarejo

κέντρο της πόλης
centro da cidade

σπίτι
casa

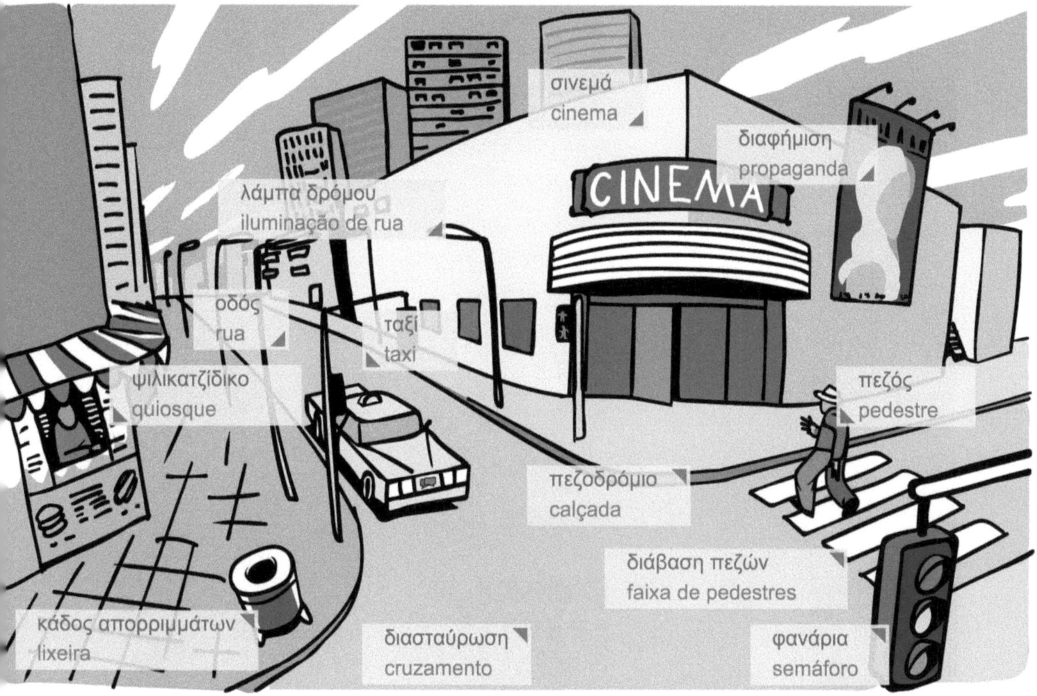

σινεμά
cinema

διαφήμιση
propaganda

λάμπα δρόμου
iluminação de rua

οδός
rua

ταξί
taxi

ψιλικατζίδικο
quiosque

πεζός
pedestre

πεζοδρόμιο
calçada

διάβαση πεζών
faixa de pedestres

κάδος απορριμμάτων
lixeira

διασταύρωση
cruzamento

φανάρια
semáforo

CINEMA

καλύβα
....
cabana

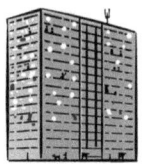

διαμέρισμα
....
apartamento

σιδηροδρομικός σταθμός
....
estação de trem

δημαρχείο
....
prefeitura

μουσείο
....
museu

σχολείο
....
escola

πανεπιστήμιο

universidade

τράπεζα

banco

νοσοκομείο

hospital

ξενοδοχείο

hotel

φαρμακείο

farmácia

γραφείο

escritório

βιβλιοπωλείο

livraria

κατάστημα

loja

ανθοπωλείο

floricultura

σούπερ μάρκετ

supermercado

αγορά

mercado

πολυκατάστημα

loja de departamentos

ιχθυοπωλείο

peixaria

εμπορικό κέντρο

centro comercial

λιμάνι

porto

πάρκο
parque

παγκάκι
banco

γέφυρα
ponte

σκάλες
escadas

μετρό
metrô

τούνελ
túnel

στάση λεωφορείου
ponto de ônibus

μπαρ
bar

εστιατόριο
restaurante

γραμματοκιβώτιο
caixa de correspondência

πινακίδα δρόμου
placa de rua

παρκόμετρο
parquímetro

ζωολογικός κήπος
zoológico

πισίνα
piscina

τζαμί
mesquita

αγρόκτημα

fazenda

ρύπανση

poluição

νεκροταφείο

cemitério

εκκλησία

igreja

παιδική χαρά

parquinho

ναός

templo

τοπίο

paisagem

φύλλο
folha

πινακίδα κατεύθυνσης
placa de sinalização

δρόμος
caminho

λιβάδι
gramado

πέτρα
pedra

δέντρο
árvore

πεζοπόρος
caminhantes

ποτάμι
rio

χορτάρι
grama

λουλούδι
flor

κοιλάδα

vale

λόφος

montanha

λίμνη

lago

δάσος

floresta

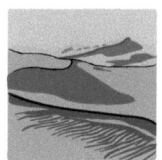

έρημος

deserto

ηφαίστειο

vulcão

κάστρο

castelo

ουράνιο τόξο

arco-íris

μανιτάρι

cogumelo

φοίνικας

palmeira

κουνούπι

mosquito

μύγα

mosca

μυρμήγκι

formiga

μέλισσα

abelha

αράχνη

aranha

τοπίο - paisagem

σκαθάρι
besouro

βάτραχος
sapo

σκίουρος
esquilo

σκαντζόχοιρος
ouriço

λαγός
lebre

κουκουβάγια
coruja

πουλί
pássaro

κύκνος
cisne

αγριογούρουνο
javali

ελάφι
veado

άλκη
alce

φράγμα
barragem

ανεμογεννήτρια
aerogerador

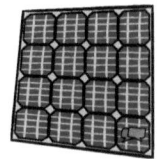

ηλιακός συλλέκτης
painel solar

κλίμα
clima

εστιατόριο
restaurante

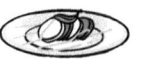

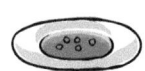

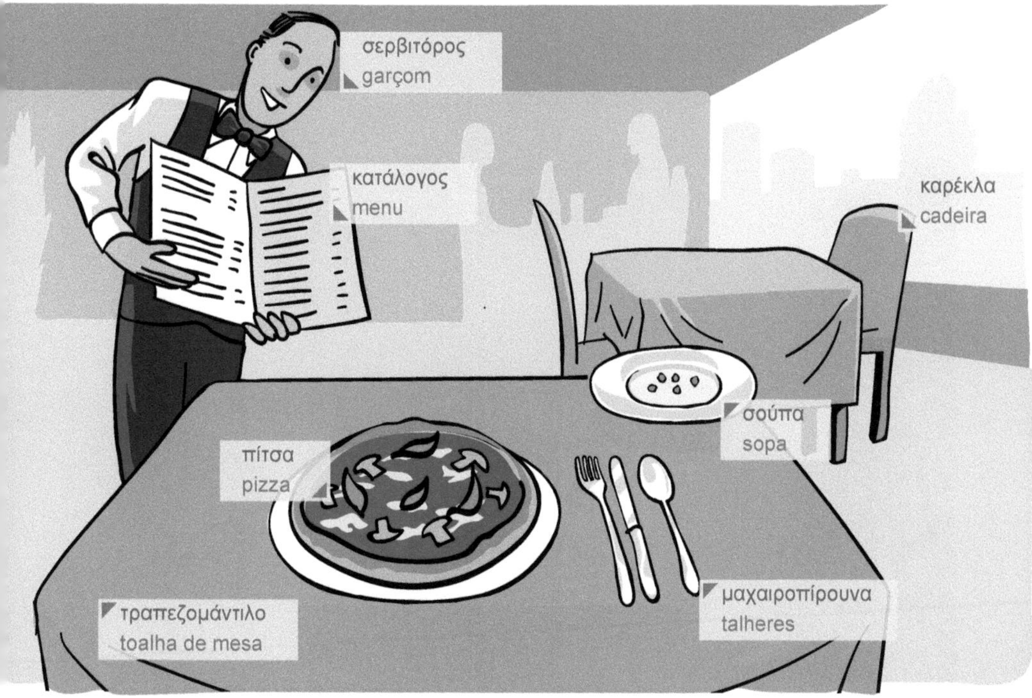
σερβιτόρος
garçom
κατάλογος
menu
καρέκλα
cadeira
σούπα
sopa
πίτσα
pizza
μαχαιροπίρουνα
talheres
τραπεζομάντιλο
toalha de mesa

ορεκτικό
entrada

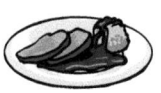

κύριο πιάτο
prato principal

επιδόρπιο
sobremesa

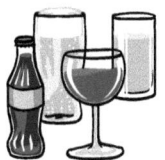

ποτά
bebidas

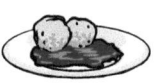

φαγητό
comida

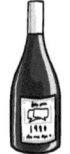

μπουκάλι
garrafa

φαστ φουντ

fastfood

φαγητό στ' όρθιο

comida de rua

τσαγιέρα

bule de chá

δοχείο ζάχαρης

açucareiro

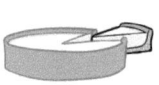

μερίδα

porção

μηχανή εσπρέσο

máquina de expresso

ψηλή καρέκλα

cadeirão

λογαριασμός

conta

δίσκος

bandeja

μαχαίρι

faca

πιρούνι

garfo

κουτάλι

colher

κουταλάκι του τσαγιού

colher de chá

πετσέτα φαγητού

guardanapo

ποτήρι

copo

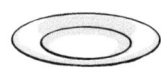

πιάτο
prato

πιάτο σούπας
prato de sopa

πιατάκι φλιτζανιού
pires

σάλτσα
molho

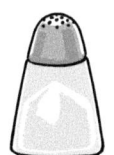

αλατιέρα
saleiro

μύλος για πιπέρι
moedor de pimenta

ξύδι
vinagre

λάδι
óleo

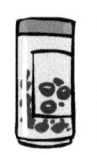

μπαχαρικά
especiarias

κέτσαπ
ketchup

μουστάρδα
mostarda

μαγιονέζα
maionese

σούπερ μάρκετ
supermercado

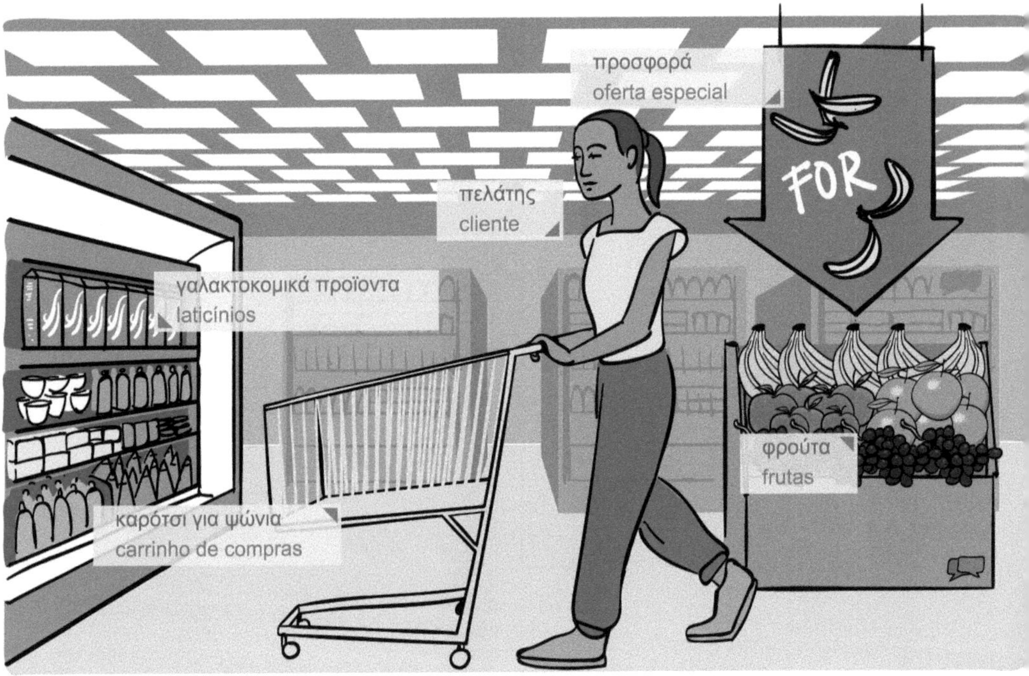

προσφορά
oferta especial
FOR
πελάτης
cliente
γαλακτοκομικά προϊόντα
laticínios
φρούτα
frutas
καρότσι για ψώνια
carrinho de compras

BUTCHERS

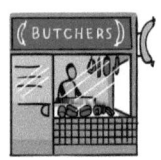

κρεοπωλείο

açougue

BAKERY

φούρνος

padaria

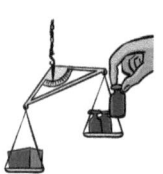

ζυγίζω

pesar

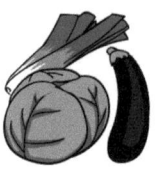

λαχανικά

legumes

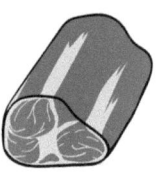

κρέας

carne

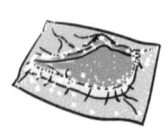

κατεψυγμένα τρόφιμα

congelados

αλλαντικά
charcutaria

κονσερβοποιημένη τροφή
conservas

απορρυπαντικό ρούχων
detergente em pó

γλυκά
doces

οικιακά είδη
artigos domésticos

καθαριστικά προϊόντα
produtos de limpeza

πωλήτρια
vendedora

ταμείο
caixa

ταμίας
caixa

λίστα για ψώνια
lista de compras

ωράριο λειτουργίας
horário de funcionamento

πορτοφόλι
carteira

πιστωτική κάρτα
cartão de crédito

τσάντα
sacola

πλαστική σακούλα
saco plástico

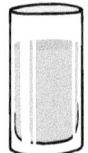

νερό

água

χυμός

suco

γάλα

leite

κόκα κόλα

coca-cola

κρασί

vinho

μπίρα

cerveja

αλκοόλ

álcool

κακάο

cacau

τσάι

chá

καφές

café

εσπρέσο

expresso

καπουτσίνο

cappuccino

μπανάνα

banana

μήλο

maçã

πορτοκάλι

laranja

πεπόνι

melão

λεμόνι

limão

καρότο

cenoura

σκόρδο

alho

μπαμπού

bambu

κρεμμύδι

cebola

μανιτάρι

cogumelo

ξηροί καρποί

nozes

νουντλς

macarrão

μακαρόνια

espaguete

ρύζι

arroz

σαλάτα

salada

πατατάκια

batatas fritas

τηγανητές πατάτες

batatas frias

πίτσα

pizza

χάμπουργκερ

hambúrger

σάντουιτς

sanduíche

κοτολέτα

escalope

ζαμπόν

presunto

σαλάμι

salame

λουκάνικο

salsicha

κοτόπουλο

galinha

ψητό

assado

ψάρι

peixe

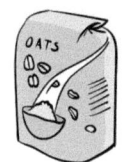

χυλός βρώμης

flocos de aveia

μούσλι

granola

κορν φλέικς

flocos de milho

αλεύρι

farinha

κρουασάν

croissant

ψωμάκι

pãozinho

ψωμί

pão

τοστ

torrada

μπισκότα

biscoitos

βούτυρο

manteiga

τυρόπηγμα

requeijão

κέικ

bolo

αυγό

ovo

τηγανητό αυγό

ovo frito

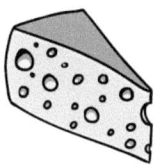

τυρί

queijo

παγωτό

sorvete

ζάχαρη

açúcar

μέλι

mel

μαρμελάδα

geleia

άλλειμμα σοκολάτας

creme de avelãs

κάρυ

curry

αγρόκτημα
fazenda

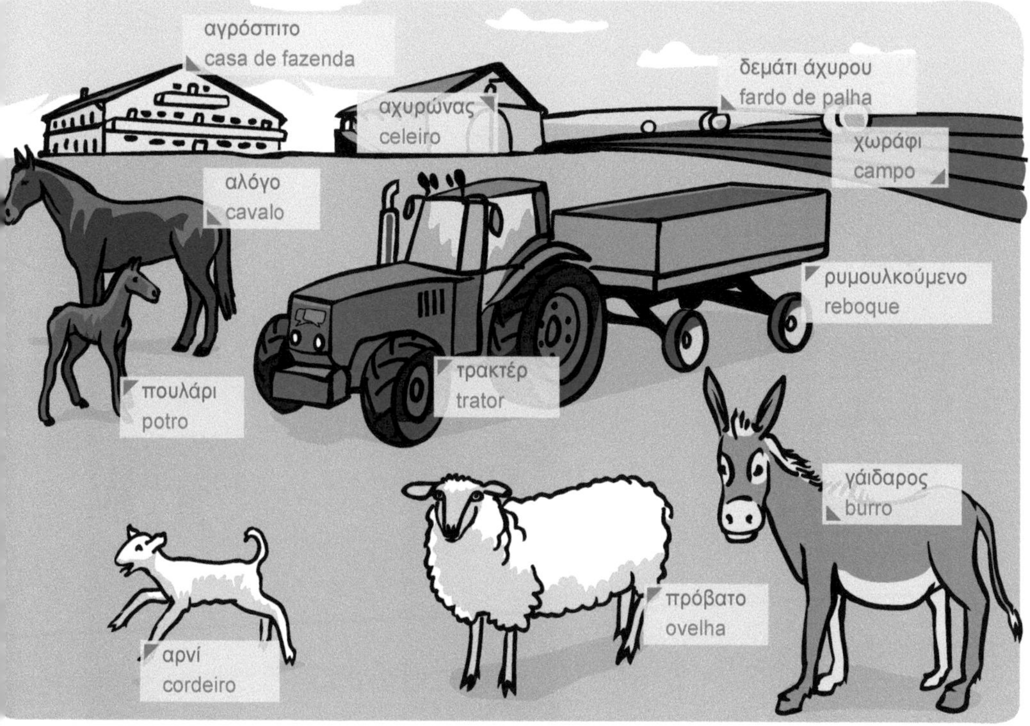

αγρόσπιτο
casa de fazenda
αχυρώνας
celeiro
δεμάτι άχυρου
fardo de palha
χωράφι
campo
αλόγο
cavalo
ρυμουλκούμενο
reboque
τρακτέρ
trator
πουλάρι
potro
γάιδαρος
burro
πρόβατο
ovelha
αρνί
cordeiro

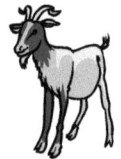

κατσίκα

cabra

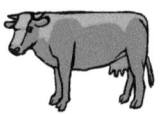

αγελάδα

vaca

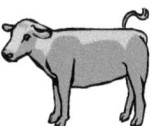

μοσχαράκι

bezerro

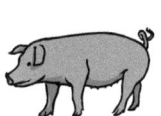

γουρούνι

porco

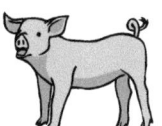

γουρουνάκι

leitão

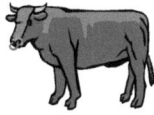

ταύρος

touro

χήνα

ganso

πάπια

pato

κοτοπουλάκι

pintinho

κότα

galinha

κόκορας

galo

αρουραίος

ratazana

γάτα

gato

ποντίκι

camundongo

βόδι

boi

σκύλος

cachorro

σπιτάκι σκύλου

casinha do cachorro

λάστιχο κήπου

mangueira de jardim

ποτιστήρι

regador

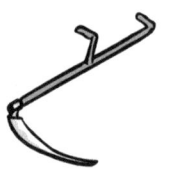

θεριστήρι

foice

αλέτρι

arado

δρεπάνι

foice

τσάπα

enxada

δίκρανο

forquilha

τσεκούρι

machado

χειράμαξα

carrinho de mão

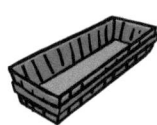

ταΐστρα

manjedoura

δοχείο γάλακτος

jarra de leite

σάκος

saco

φράχτης

cerca

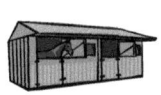

στάβλος

estábulo

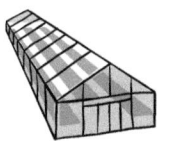

θερμοκήπιο

estufa

έδαφος

solo

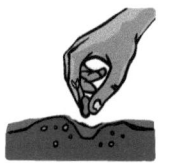

σπόρος

semente

λίπασμα

fertilizante

θεριζοαλωνιστική μηχανή

colheitadeira

θερίζω
colher

συγκομιδή
colheita

γιαμς
inhame

σιτάρι
trigo

σόγια
soja

πατάτα
batata

καλαμπόκι
milho

κράμβη
colza

οπωροφόρο δέντρο
árvore frutífera

μανιόκα
mandioca

δημητριακά
cereais

σπίτι
casa

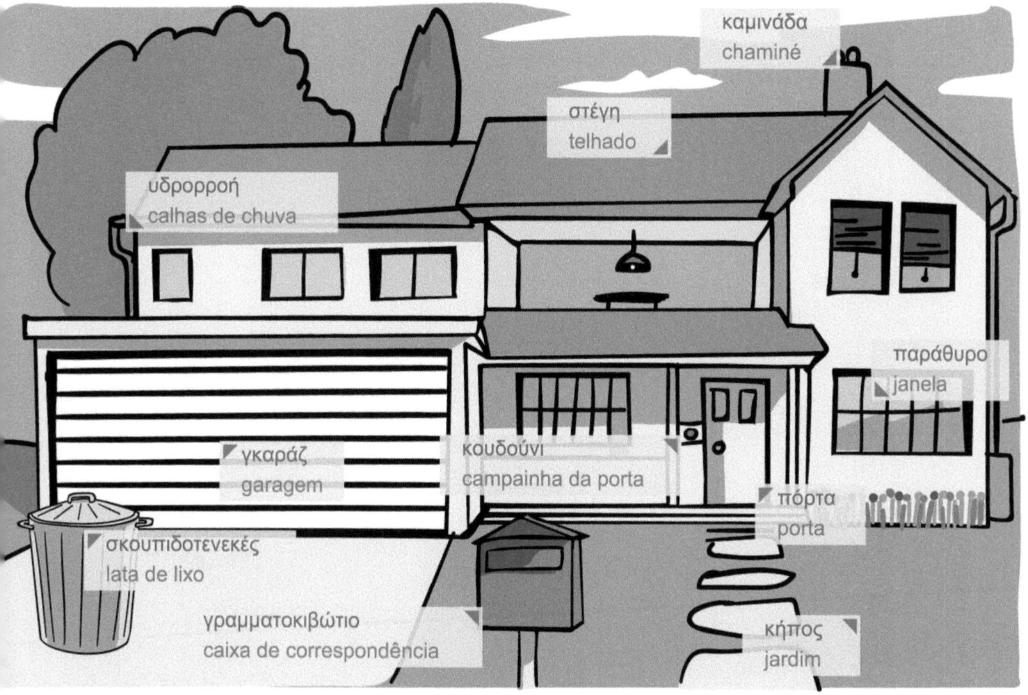
καμινάδα
chaminé
στέγη
telhado
υδρορροή
calhas de chuva
παράθυρο
janela
γκαράζ
garagem
κουδούνι
campainha da porta
πόρτα
porta
σκουπιδοτενεκές
lata de lixo
γραμματοκιβώτιο
caixa de correspondência
κήπος
jardim

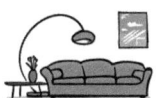

σαλόνι
sala de estar

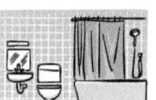

μπάνιο
banheiro

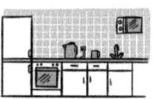

κουζίνα
cozinha

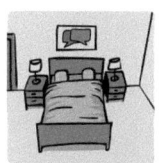

υπνοδωμάτιο
quarto de dormir

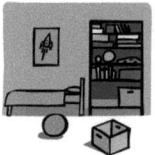

παιδικό δωμάτιο
quarto de criança

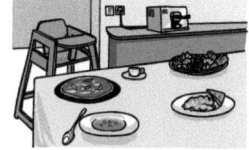

τραπεζαρία
sala de jantar

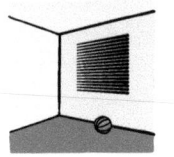

πάτωμα

chão

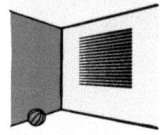

τοίχος

parede

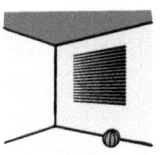

οροφή

teto

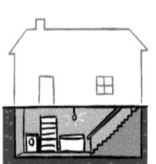

κελάρι

porão

σάουνα

sauna

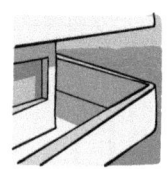

μπαλκόνι

varanda

βεράντα

terraço

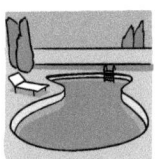

πισίνα

piscina

μηχανή του γκαζόν

cortador de grama

σεντόνι

lençol

κάλυμμα κρεβατιού

coberta

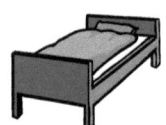

κρεβάτι

cama

σκούπα

vassoura

κουβάς

balde

διακόπτης

interruptor

σαλόνι

sala de estar

ταπετσαρία
papel de parede
φωτογραφία
quadro
λάμπα
lâmpada
ράφι
prateleira
ντουλάπι
armário
τηλεόραση
televisão
τζάκι
lareira
λουλούδι
flor
μαξιλάρι
travesseiro
καναπές
sofá
βάζο
vaso
τηλεκοντρόλ
controle remoto

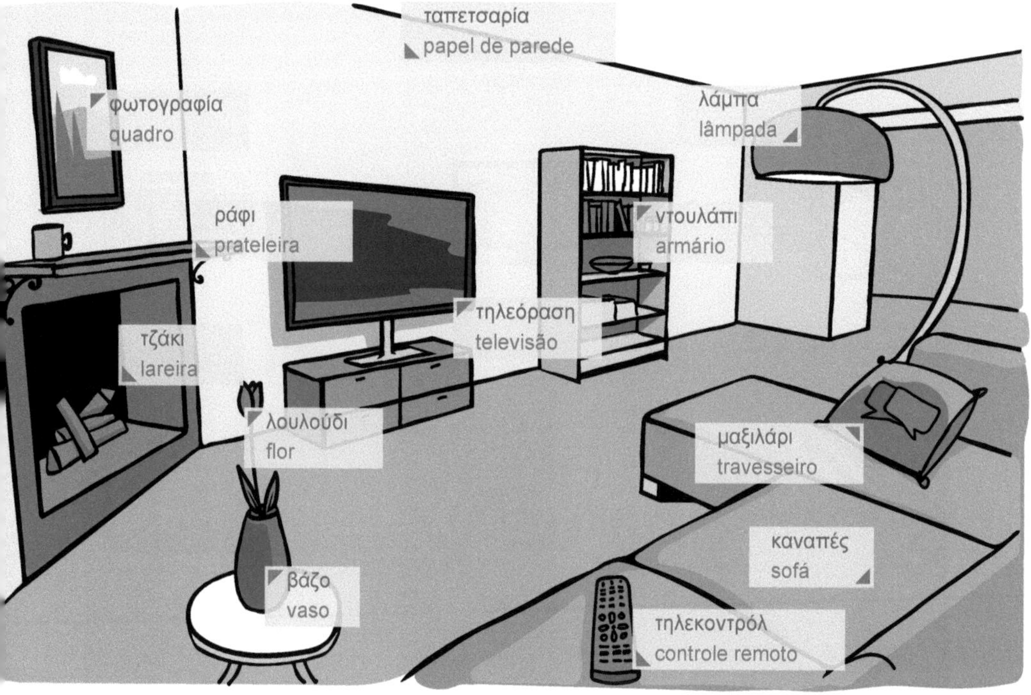

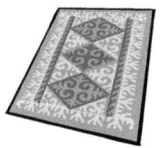

χαλί

tapete

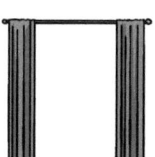

κουρτίνα

cortina

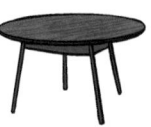

τραπέζι

mesa

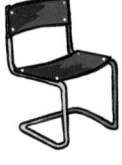

καρέκλα

cadeira

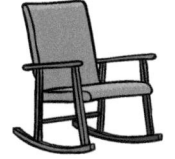

κουνιστή πολυθρόνα

cadeira de balanço

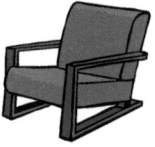

πολυθρόνα

poltrona

βιβλίο

livro

κουβέρτα

cobertor

διακόσμηση

decoração

καυσόξυλα

lenha

ταινία

filme

στερεοφωνικό σύστημα

equipamento de som

κλειδί

chave

εφημερίδα

jornal

πίνακας ζωγραφικής

pintura

αφίσα

pôster

ραδιόφωνο

rádio

σημειωματάριο

bloco de notas

ηλεκτρική σκούπα

aspirador

κάκτος

cacto

κερί

vela

κουζίνα
cozinha

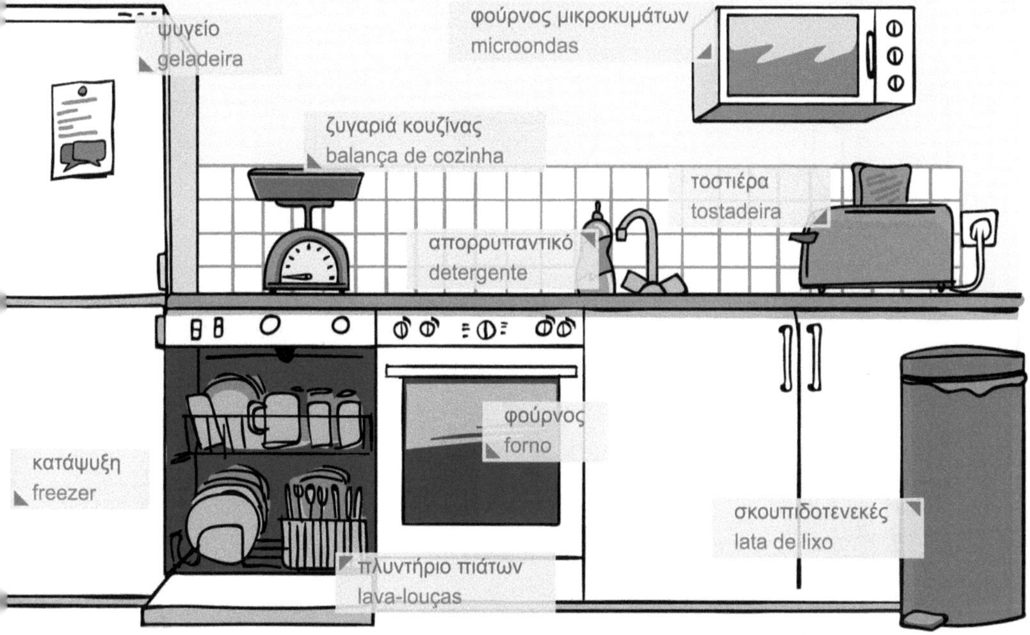
ψυγείο
geladeira
φούρνος μικροκυμάτων
microondas
ζυγαριά κουζίνας
balança de cozinha
τοστιέρα
tostadeira
απορρυπαντικό
detergente
φούρνος
forno
κατάψυξη
freezer
σκουπιδοτενεκές
lata de lixo
πλυντήριο πιάτων
lava-louças

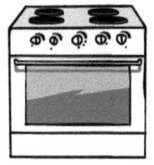

κουζίνα

fogão

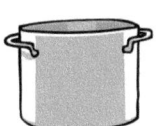

κατσαρόλα

panela

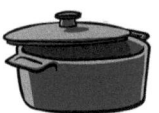

μαντεμένια κατσαρόλα

panela de ferro

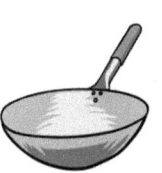

γουόκ/καντάι

wok / kadai

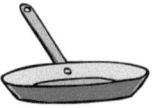

τηγάνι

frigideira

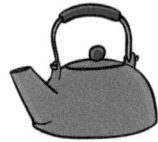

βραστήρας

chaleira

ατμομάγειρας

panela a vapor

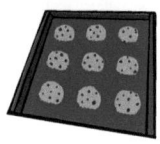

ταψί

tabuleiro de forno

πιατικά

louça

κούπα

caneca

μπολ

caçarola

ξυλάκια

hashi

κουτάλα

concha de sopa

σπάτουλα

espátula

ανακατεύω

batedor

σουρωτήρι

escorredor

σουρωτηράκι

peneira

τρίφτης

ralador

γουδί

almofariz

ψησταριά

churrasqueira

ανοιχτή φωτιά

lareira

σανίδα κοπής
tábua de cortar

πλάστης
rolo da massa

ανοιχτήρι φελλών
saca-rolhas

κονσέρβα
lata

ανοιχτήρι κονσέρβας
abridor de latas

γάντι φούρνου
pegador de panela

νεροχύτης
pia

βούρτσα
escova

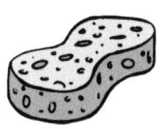

σφουγγάρι
esponja

μπλέντερ
liquidificador

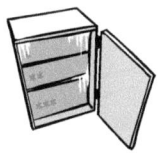

καταψύκτης
congelador

μπιμπερό
mamadeira

βρύση
torneira

μπάνιο
banheiro

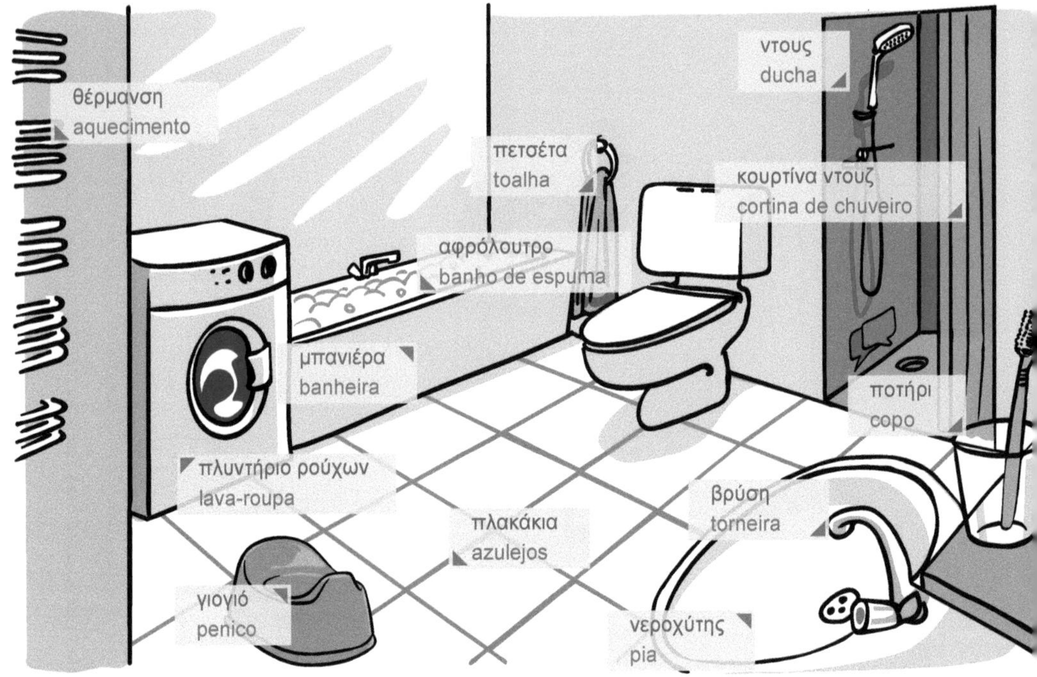

θέρμανση
aquecimento
ντους
ducha
πετσέτα
toalha
κουρτίνα ντους
cortina de chuveiro
αφρόλουτρο
banho de espuma
μπανιέρα
banheira
ποτήρι
copo
πλυντήριο ρούχων
lava-roupa
βρύση
torneira
πλακάκια
azulejos
γιογιό
penico
νεροχύτης
pia

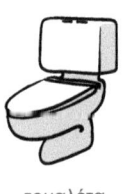

τουαλέτα

vaso sanitário

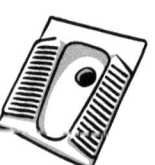

τούρκικη τουαλέτα

lavabo de agachar

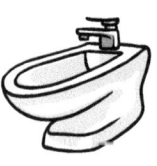

μπιντές

bidê

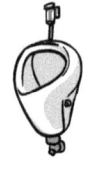

ουρητήριο

mictório

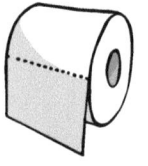

χαρτί υγείας

papel higiênico

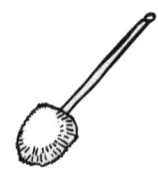

πιγκάλ

escova de privada

οδοντόβουρτσα

escova de dentes

οδοντόκρεμα

pasta de dentes

οδοντικό νήμα

fio dental

πλένω

lavar

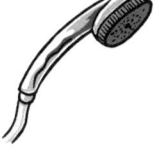

τηλέφωνο ντους

ducha de mão

ντουσιέρα

ducha íntima

λεκάνη

bacia

βούρτσα πλάτης

escova para as costas

σαπούνι

sabonete

αφρόλουτρο

gel de banho

σαμπουάν

xampu

φανέλα

toalha de rosto

σιφόνι

escoamento

κρέμα

creme

αποσμητικό

desodorante

καθρέφτης
espelho

καθρέφτης χειρός
espelho de mão

ξυραφάκι
barbeador

αφρός ξυρίσματος
espuma de barbear

αφτερσέιβ
loção pós-barba

χτένα
pente

βούρτσα
escova

σεσουάρ
secador de cabelo

λακ
spray de cabelo

μακιγιάζ
maquiagem

κραγιόν
batom

βερνίκι νυχιών
esmalte de unhas

βαμβάκι
algodão

ψαλίδι νυχιών
tesoura para unhas

άρωμα
perfume

νεσεσέρ

nécessaire

σκαμπό

banquinho

ζυγαριά

balança

μπουρνούζι

roupão de banho

ελαστικά γάντια

luvas de borracha

ταμπόν

absorvente interno

πετσέτα υγιεινής

absorvente íntimo

χημική τουαλέτα

banheiro químico

παιδικό δωμάτιο
quarto de criança

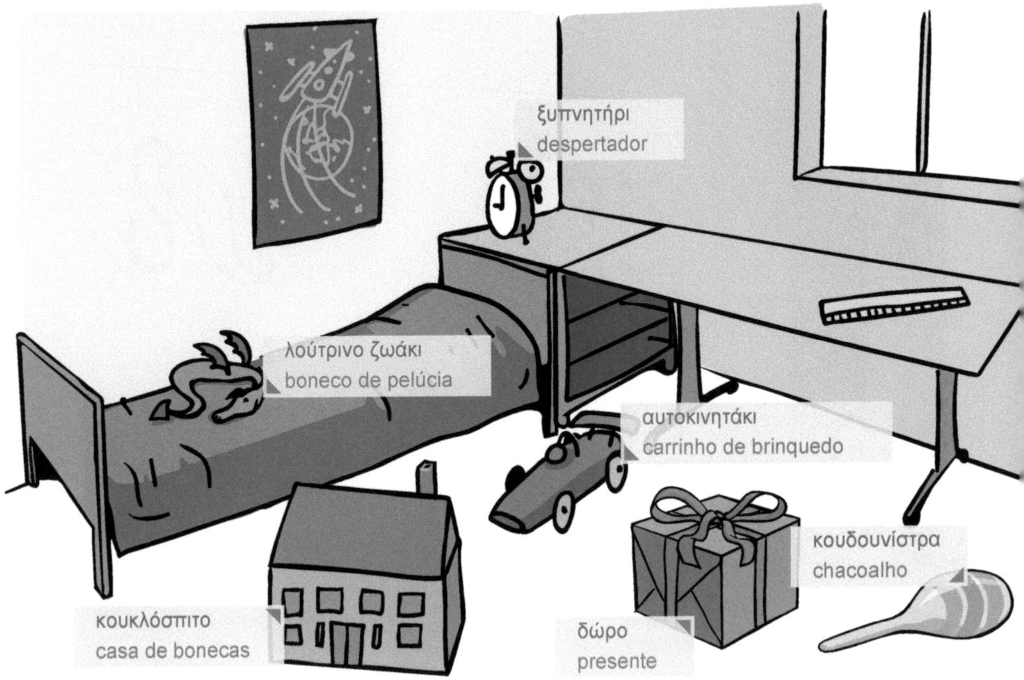

ξυπνητήρι
despertador
λούτρινο ζωάκι
boneco de pelúcia
αυτοκινητάκι
carrinho de brinquedo
κουδουνίστρα
chacoalho
κουκλόσπιτο
casa de bonecas
δώρο
presente

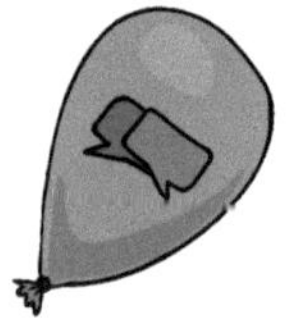

μπαλόνι
balão

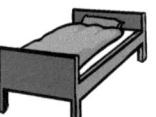

κρεβάτι
cama

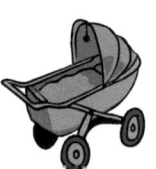

καροτσάκι
carrinho de bebê

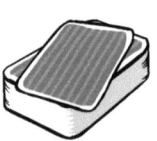

τράπουλα
jogo de cartas

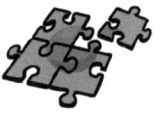

παζλ
quebra-cabeças

SUPER
MEGA

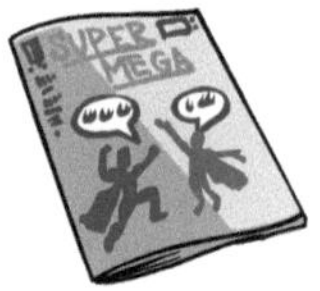

κόμικς
revista de quadrinhos

τουβλάκια lego

peças de Lego

τουβλάκια κατασκευών

blocos de construção

φιγούρα δράσης

figura de ação

βρεφικό φορμάκι

macaquinho de bebê

φρίσμπι

frisbee

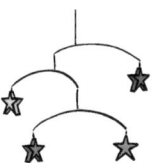

μόμπιλο

móbile para bebé

επιτραπέζιο παιχνίδι

jogo de tabuleiro

ζάρια

dados

σετ τρενάκι

trenzinho elétrico

πιπίλα

chupeta

πάρτι

festa

εικονογραφημένο βιβλίο

livro ilustrado

μπάλα

bola

κούκλα

boneca

παίζω

brincar

σκάμμα με άμμο

caixa de areia

κούνια

balanço

παιχνίδια

brinquedos

κονσόλα βιντεοπαιχνιδιών

videogame

τρίκυκλο

triciclo

αρκουδάκι

ursinho de pelúcia

ντουλάπα

guarda-roupa

ρούχα
vestuário

κάλτσες

meias

καλτσοδέτες

meias pelo joelho

καλσόν

meias-calças

κασκόλ
cachecol

ομπρέλα
guarda-chuva

ζώνη
cinto

μπλουζάκι
camiseta

μπότες
botas

παντόφλες
chinelos

αθλητικά παπούτσια
tênis

σανδάλια
....
sandálias

παπούτσια
....
sapatos

γαλότσες
....
botas de borracha

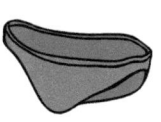

εσώρουχο
....
roupa de baixo

σουτιέν
....
sutiã

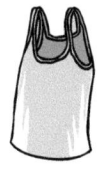

φανέλα
....
camiseta de baixo

σώμα

body

παντελόνι

calças

τζιν παντελόνι

jeans

φούστα

saia

μπλούζα

blusa

πουκάμισο

camisa

πουλόβερ

pulôver

πουλόβερ

suéter com capuz

σακάκι

blazer

μπουφάν

jaqueta

παλτό

casaco

αδιάβροχο πανωφόρι

gabardine

κοστούμι

traje

φόρεμα

vestido

νυφικό

vestido de casamento

κοστούμι
terno

νυχτικό
camisola

πιτζάμες
pijama

σάρι
sari

μαντήλι
lenço de cabeça

τουρμπάνι
turbante

μπούρκα
burca

καφτάνι
cafetã

μουσουλμανικό ένδυμα
abaya

ολόσωμο μαγιό
maiô

ανδρικό μαγιό
sunga

σορτς
shorts

αθλητική φόρμα
roupa de treino

ποδιά
avental

γάντια
luvas

κουμπί

botão

γυαλιά

óculos

βραχιόλι

pulseira

περιδέραιο

colar

δαχτυλίδι

anel

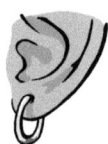

σκουλαρίκι

brinco

καπέλο

boné

κρεμάστρα

cabide

καπέλο

chapéu

γραβάτα

gravata

φερμουάρ

zíper

κράνος

capacete

τιράντες

suspensórios

μαθητική στολή

uniforme escolar

στολή

uniforme

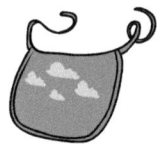

σαλιάρα

babador

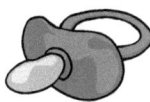

πιπίλα

chupeta

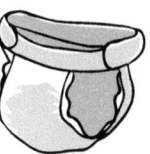

πάνα

fralda

γραφείο
escritório

σέρβερ
servidor
αρχειοθήκη
armário de arquivos
εκτυπωτής
impressora
χαρτί
papel
οθόνη
monitor
γραφείο
escrivaninha
ποντίκι
mouse
ντοσιέ
pasta
πληκτρολόγιο
teclado
καλάθι αχρήστων
cesto de lixo
υπολογιστής
computador
καρέκλα
cadeira

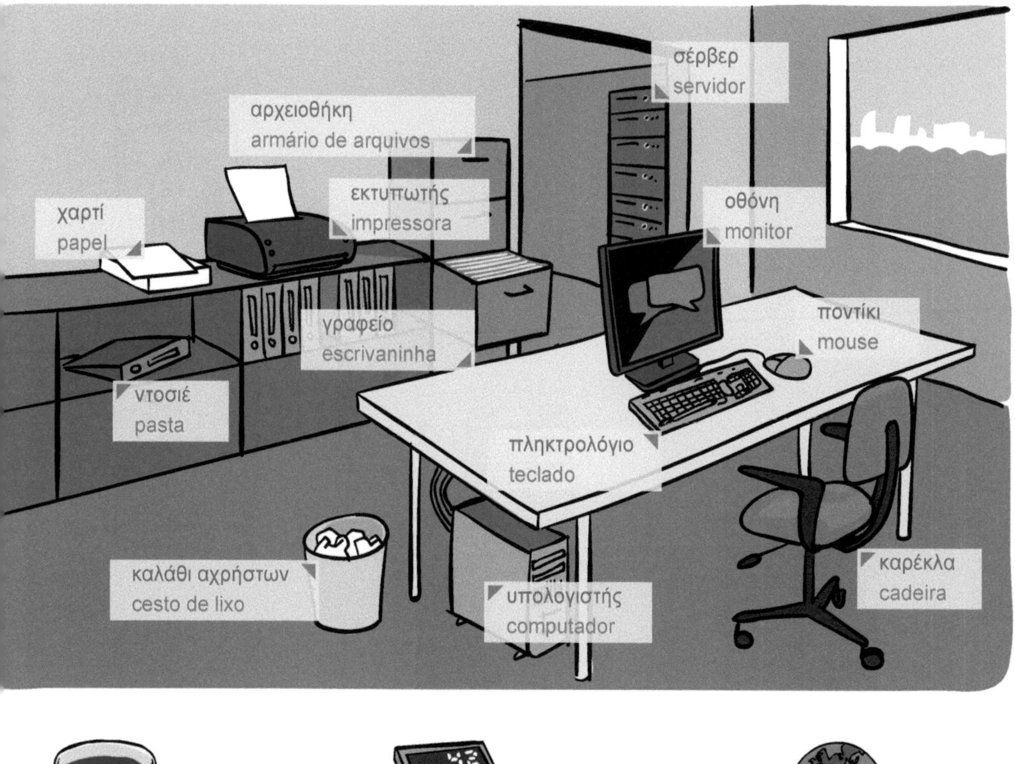

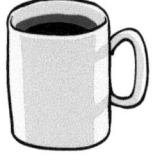

κούπα του καφέ

xícara de café

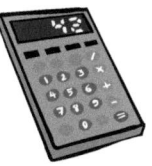

κομπιουτεράκι

calculadora

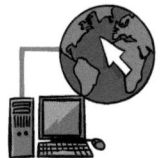

ίντερνετ

internet

λάπτοπ

laptop

γράμμα

carta

μήνυμα

mensagem

κινητό

celular

δίκτυο

rede

φωτοτυπικό μηχάνημα

copiadora

λογισμικό

software

τηλέφωνο

telefone

πρίζα

tomada

συσκευή φαξ

fax

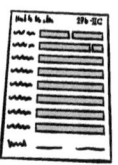

έντυπο

formulário

έγγραφο

documento

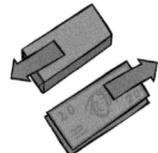

αγοράζω
....
comprar

πληρώνω
....
pagar

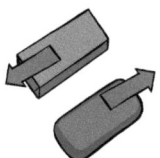

συναλλάσσομαι
....
negociar

χρήματα
....
dinheiro

δολάριο
....
Dólar

ευρώ
....
Euro

γιεν
....
Yen

ρούβλι
....
rublo

ελβετικό φράγκο
....
franco suíço

ρενμίνμπι γιουάν
....
renminbi yuan

ρουπία
....
rupia

ATM (αυτόματη ταμειακή μηχανή)
....
caixa eletrônico

ανταλλακτήρια
συναλλάγματος
casa de câmbio

χρυσός
ouro

ασήμι
prata

πετρέλαιο
petróleo

ενέργεια
energia

τιμή
preço

συμβόλαιο
contrato

φόρος
imposto

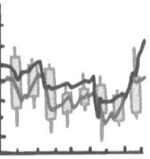

μετοχή
ação

δουλεύω
trabalhar

υπάλληλος
empregado

εργοδότης
empregador

εργοστάσιο
fábrica

κατάστημα
loja

επαγγέλματα
profissões

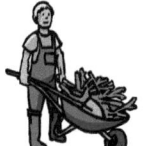

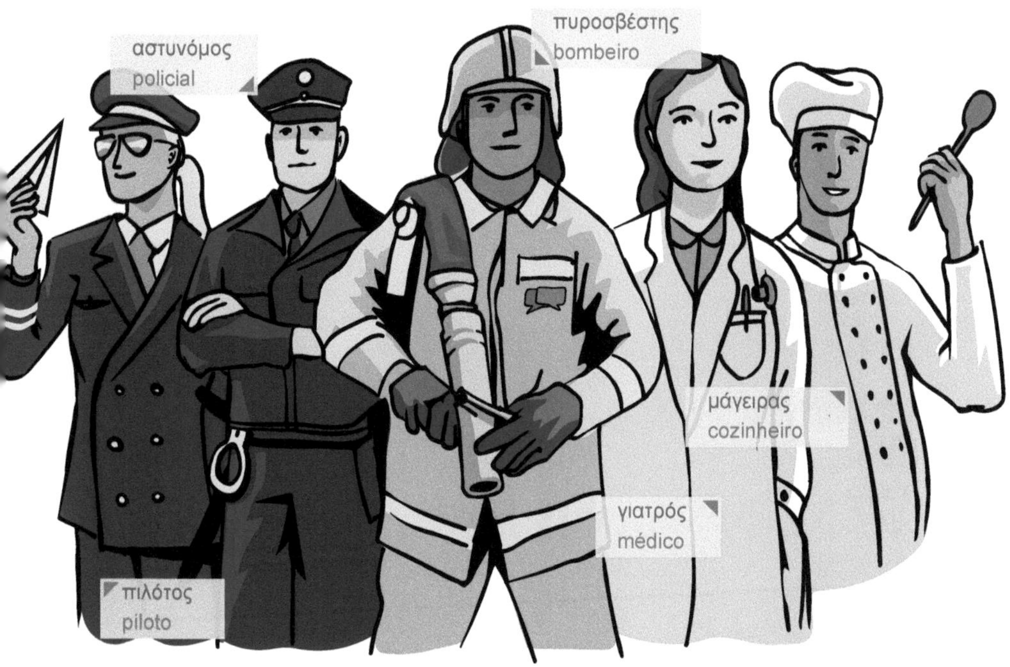
αστυνόμος
policial
πυροσβέστης
bombeiro
μάγειρας
cozinheiro
γιατρός
médico
πιλότος
piloto

κηπουρός

jardineiro

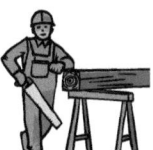

ξυλουργός

marceneiro

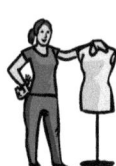

μοδίστρα

costureira

δικαστής

juiz

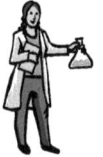

χημικός

químico

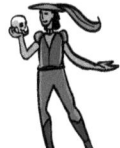

ηθοποιός

ator

οδηγός λεωφορείου

motorista de ônibus

ταξιτζής

motorista de táxi

ψαράς

pescador

καθαρίστρια

faxineira

τεχνίτης στεγών

telhador

σερβιτόρος

garçom

κυνηγός

caçador

ζωγράφος

pintor

αρτοποιός

padeiro

ηλεκτρολόγος

eletricista

οικοδόμος

construtor

μηχανολόγος

engenheiro

κρεοπώλης

açougueiro

υδραυλικός

encanador

ταχυδρόμος

carteiro

στρατιώτης

soldado

αρχιτέκτονας

arquiteto

ταμίας

caixa

ανθοπώλης

florista

κομμωτής

cabelereiro

ελεγκτής εισιτηρίων

condutor

μηχανικός

mecânico

καπετάνιος

capitão

οδοντίατρος

dentista

επιστήμονας

cientista

ραβίνος

rabino

ιμάμης

imam

μοναχός

monge

ιερέας

pastor

εργαλεία
ferramentas

πένσα
alicate
σφυρί
martelo
κατσαβίδι
chave de fenda
Γαλλικό κλειδί
chave inglesa
φακός
lanterna

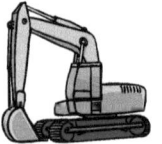

εκσκαφέας

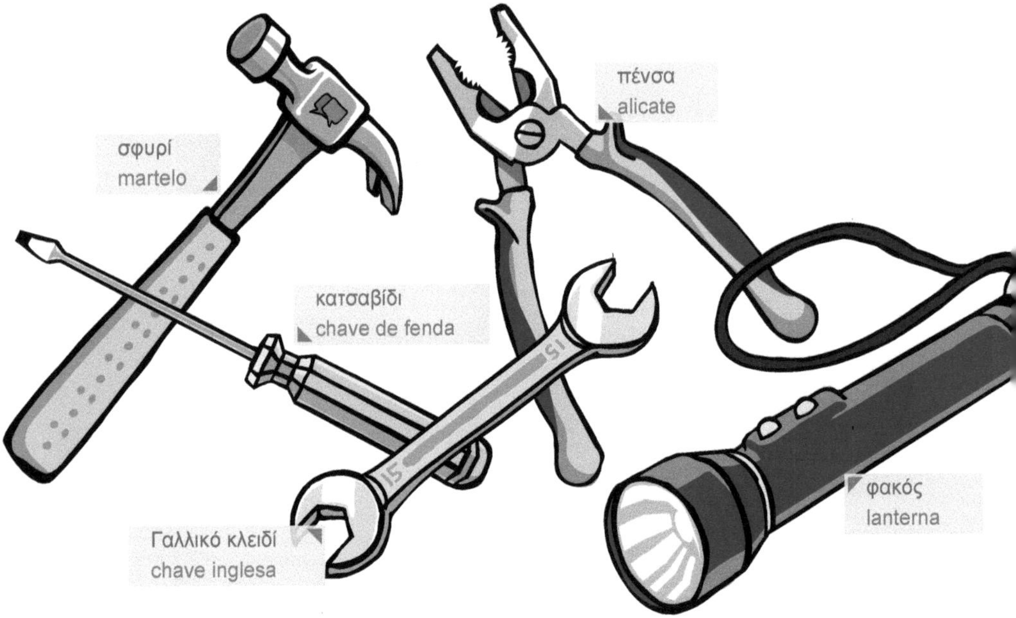

escavadora

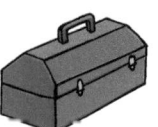

εργαλειοθήκη

caixa de ferramentas

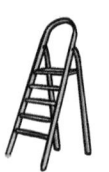

σκάλα

escada de mão

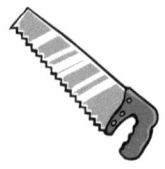

πριόνι

serra

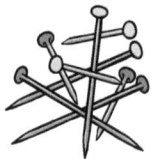

καρφιά

pregos

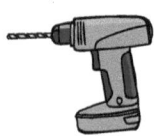

τρυπάνι

furadeira

επισκευάζω
consertar

φτυάρι
pá

Να πάρει!
Droga!

φαράσι
pá de lixo

δοχείο χρωμάτων
pote de tinta

βίδες
parafusos

μουσικά όργανα
instrumentos musicais

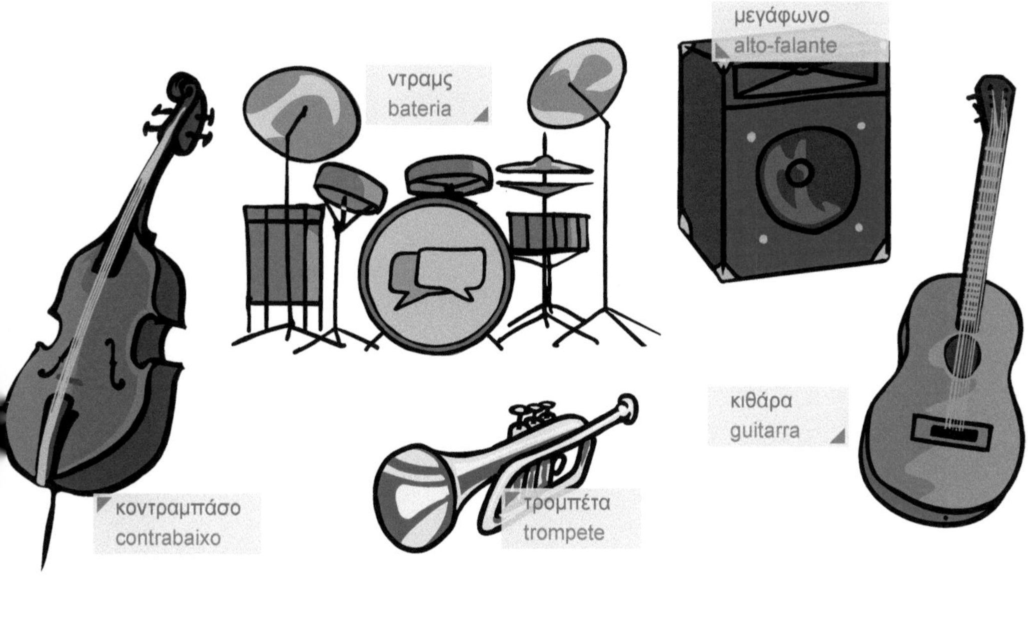

μεγάφωνο
alto-falante

ντραμς
bateria

κοντραμπάσο
contrabaixo

τρομπέτα
trompete

κιθάρα
guitarra

πιάνο

piano

βιολί

violino

μπάσο

baixo

τύμπανα

timbales

τύμπανο

tambor

πλήκτρα

teclado

σαξόφωνο

saxofone

φλάουτο

flauta

μικρόφωνο

microfone

ζωολογικός κήπος

zoológico

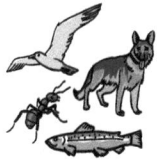

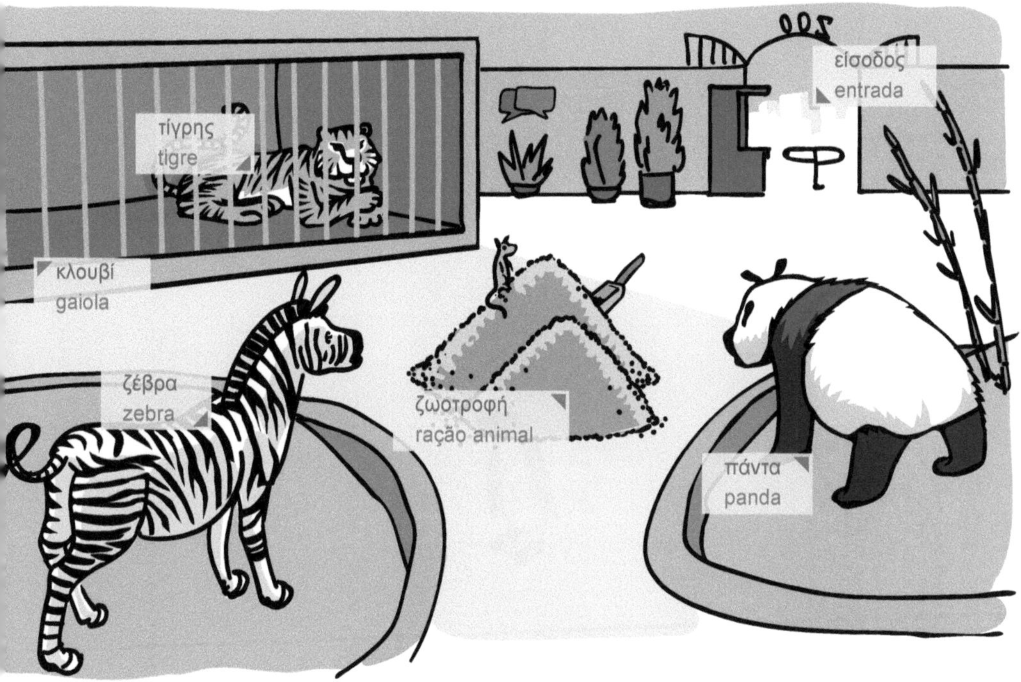

είσοδος
entrada
τίγρης
tigre
κλουβί
gaiola
ζέβρα
zebra
ζωοτροφή
ração animal
πάντα
panda

ζώα

animais

ελέφαντας

elefante

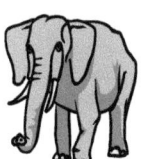

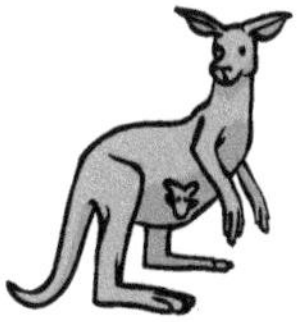

καγκουρό

canguru

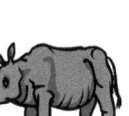

ρινόκερος

rinoceronte

γορίλας

gorila

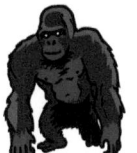

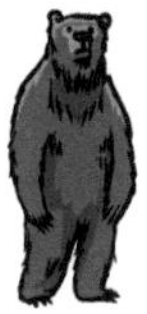

αρκούδα

urso

καμήλα

camelo

στρουθοκάμηλος

avestruz

λιοντάρι

leão

πίθηκος

macaco

φλαμίνγκο

flamingo

παπαγάλος

papagaio

πολική αρκούδα

urso polar

πιγκουίνος

pinguim

καρχαρίας

tubarão

παγώνι

pavão

φίδι

cobra

κροκόδειλος

crocodilo

φύλακας ζωολογικού κήπου

guarda do zoológico

φώκια

foca

τζάγκουαρ

jaguar

πόνυ
pônei

λεοπάρδαλη
leopardo

ιπποπόταμος
hipopótamo

καμηλοπάρδαλη
girafa

αετός
águia

αγριογούρουνο
javali

ψάρι
peixe

χελώνα
tartaruga

θαλάσσιος ίππος
morsa

αλεπού
raposa

γαζέλα
gazela

Αμερικάνικο ποδόσφαιρο
futebol americano

ποδηλασία
ciclismo

αντισφαίριση
tênis

μπάσκετ
basquete

κολύμβηση
natação

πυγχαμία
boxe

χόκεϋ επί πάγου
hóquei no gelo

ποδόσφαιρο
futebol

μπάντμιντον
badminton

στίβος
atletismo

χάντμπολ
handebol

σκι
esqui

πόλο
polo

δραστηριότητες
atividades

γελάω
rir
πηδάω
pular
αγκαλιάζω
abraçar
περπατάω
andar
τραγουδάω
cantar
ονειρεύομαι
sonhar
προσεύχομαι
rezar
φιλάω
beijar

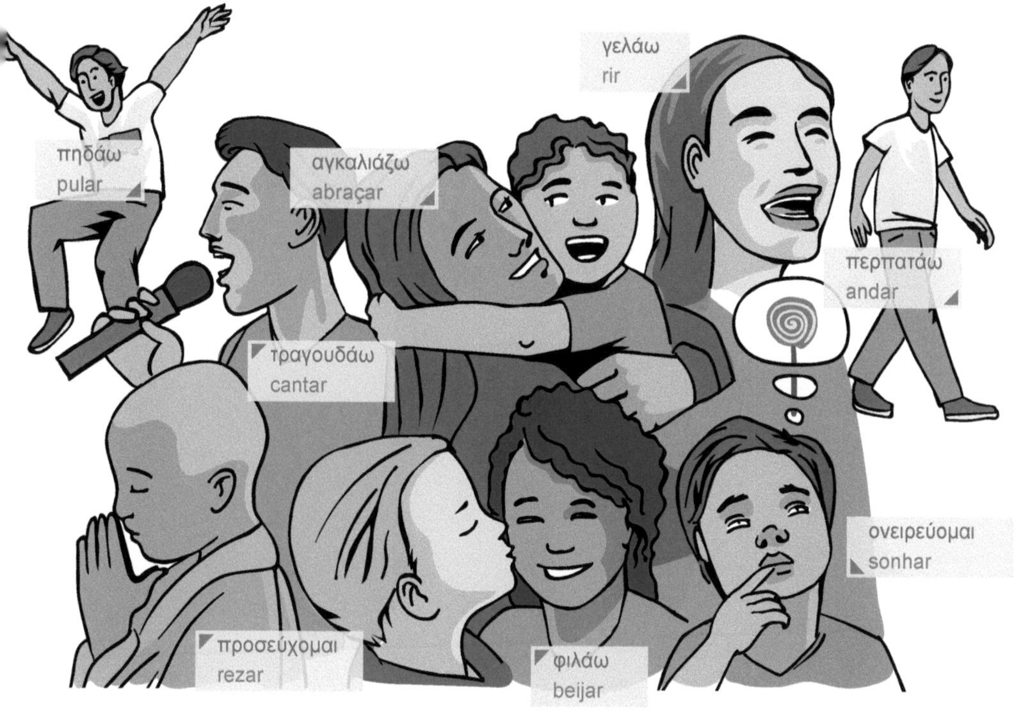

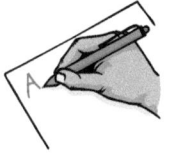

γράφω

escrever

σχεδιάζω

desenhar

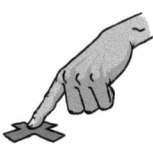

δείχνω

mostrar

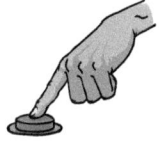

πιέζω

empurrar

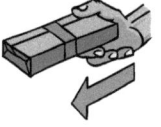

δίνω

dar

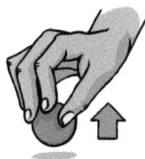

παίρνω

tomar

έχω
ter

κάνω
fazer

είμαι
ser

στέκομαι
ficar de pé

τρέχω
correr

τραβάω
puxar

ρίχνω
jogar

πέφτω
cair

ξαπλώνω
deitar

περιμένω
esperar

κουβαλώ
carregar

κάθομαι
sentar

φοράω
vestir

κοιμάμαι
dormir

ξυπνάω
despertar

κοιτάω

olhar para

κλαίω

chorar

χαϊδεύω

acariciar

χτενίζω

pentear

μιλάω

falar

καταλαβαίνω

entender

ρωτάω

perguntar

ακούω

ouvir

πίνω

beber

τρώω

comer

συγυρίζω

arrumar

αγαπάω

amar

μαγειρεύω

cozinhar

οδηγώ

dirigir

πετάω

voar

κάνω ιστιοπλοΐα

velejar

υπολογίζω

calcular

διαβάζω

ler

μαθαίνω

aprender

δουλεύω

trabalhar

παντρεύομαι

casar

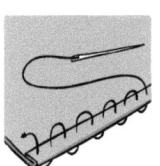

ράβω

costurar

βουρτσίζω τα δόντια

escovar os dentes

σκοτώνω

matar

καπνίζω

fumar

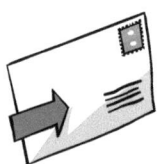

στέλνω

enviar

οικογένεια
família

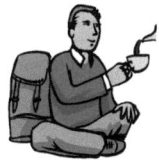

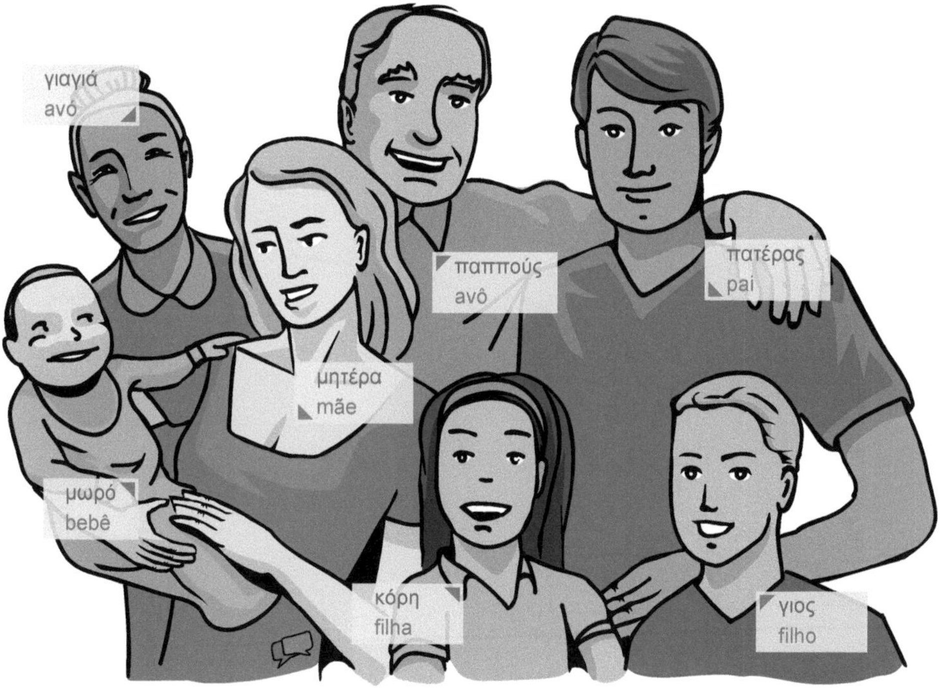

γιαγιά
avó
παππούς
avô
πατέρας
pai
μητέρα
mãe
μωρό
bebê
κόρη
filha
γιος
filho

καλεσμένος

convidado

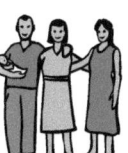

θεία

tia

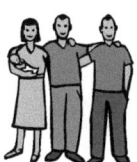

θείος

tio

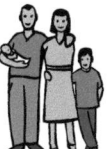

αδελφός

irmão

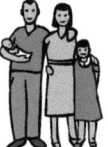

αδελφή

irmã

σώμα

corpo

μέτωπο
testa
μάτι
olho
ώμος
ombro
δάχτυλο
dedo
πρόσωπο
rosto
πιγούνι
queixo
χέρι
mão
πόδι
perna
στήθος
peito
βραχίονας
braço

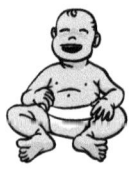

μωρό

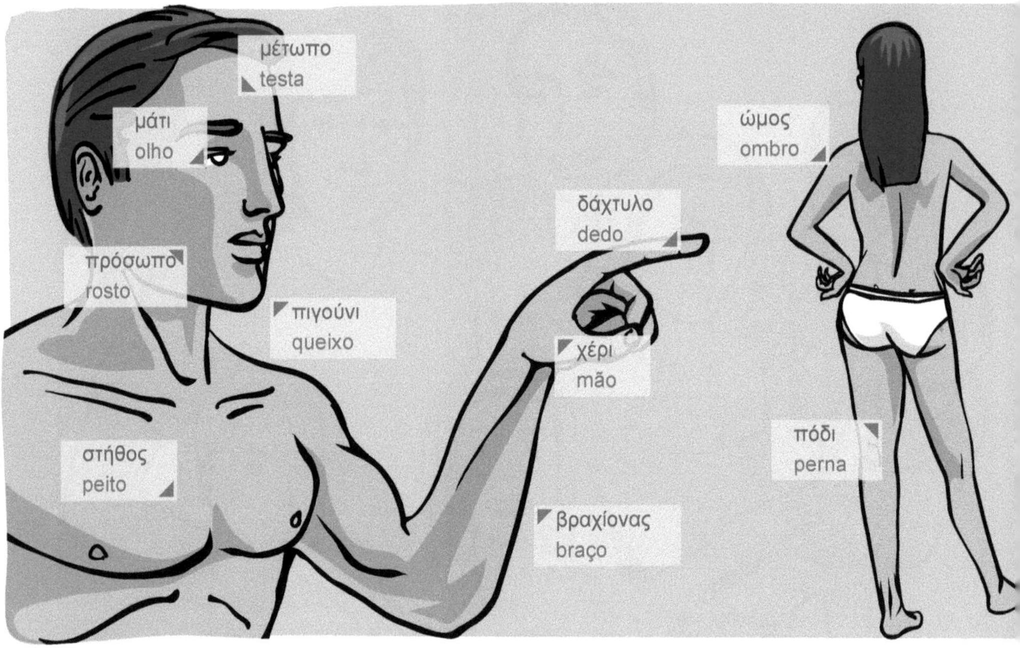

bebê

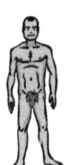

άνδρας

homem

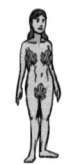

γυναίκα

mulher

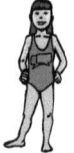

κορίτσι

menina

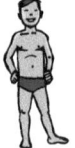

αγόρι

menino

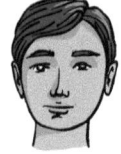

κεφάλι

cabeça

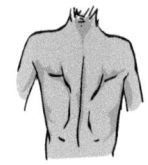

πλάτη
costas

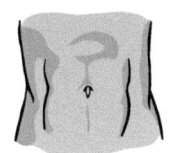

κοιλιά
barriga

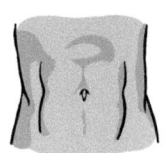

αφαλός
umbigo

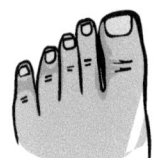

δάχτυλο ποδιού
dedo do pé

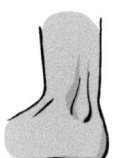

φτέρνα
calcanhar

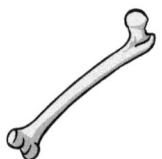

κόκκαλο
osso

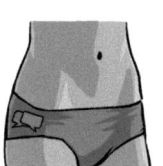

γοφός
anca

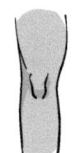

γόνατο
joelho

αγκώνας
cotovelo

μύτη
nariz

γλουτός
nádegas

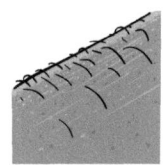

δέρμα
pele

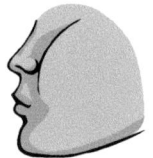

μάγουλο
bochecha

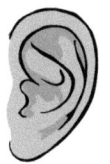

αυτί
orelha

χείλος
lábio

σώμα - corpo

στόμα

boca

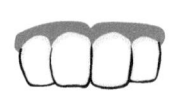

δόντι

dente

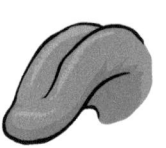

γλώσσα

língua

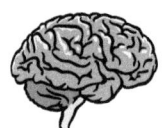

εγκέφαλος

cérebro

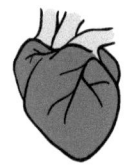

καρδιά

coração

μυς

músculo

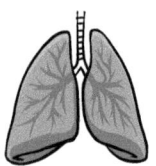

πνεύμονας

pulmão

συκώτι

fígado

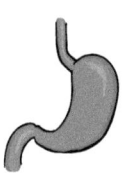

στομάχι

estômago

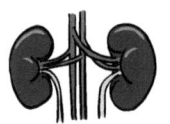

νεφρά

rins

σεξυυαλική επαφή

relações sexuais

προφυλακτικό

preservativo

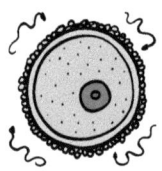

ωάριο

óvulo

σπέρμα

esperma

εγκυμοσύνη

gravidez

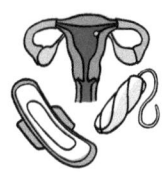

περίοδος

menstruação

γυναικείος κόλπος

vagina

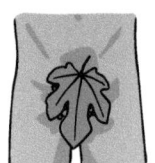

πέος

pênis

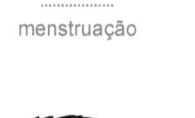

φρύδι

sobrancelha

μαλλιά

cabelo

λαιμός

pescoço

νοσοκομείο
hospital

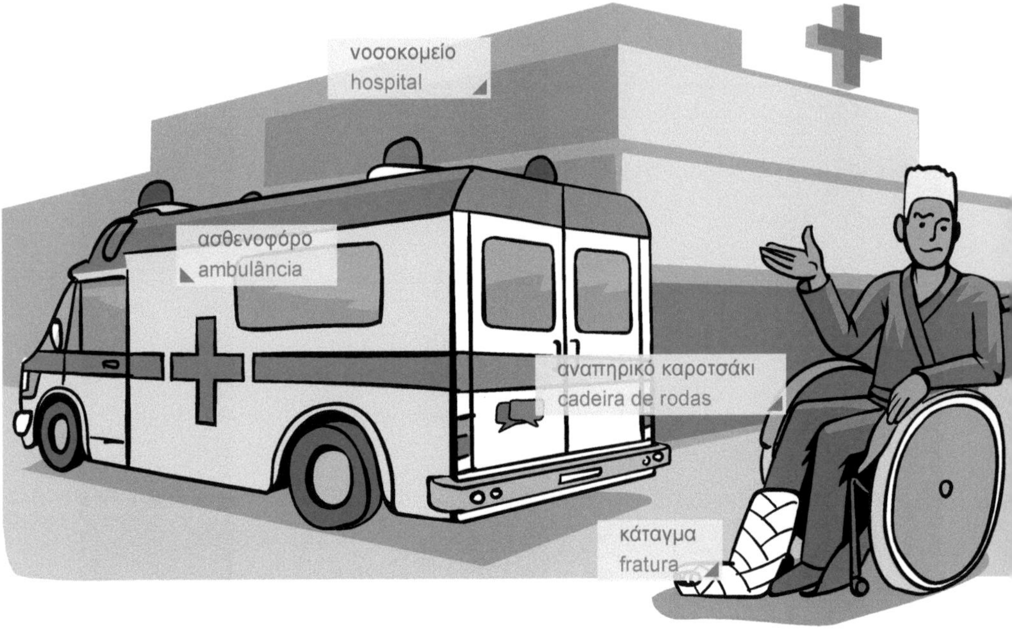

νοσοκομείο
hospital
ασθενοφόρο
ambulância
αναπηρικό καροτσάκι
cadeira de rodas
κάταγμα
fratura

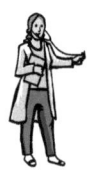

γιατρός

médico

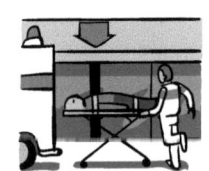

μονάδα εντατικής θεραπείας

pronto-socorro

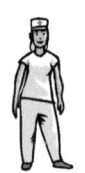

νοσοκόμα

enfermeira

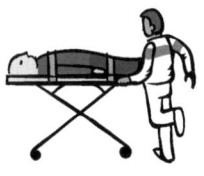

έκτακτη ανάγκη

emergência

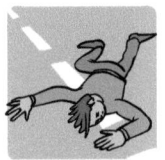

λιπόθυμος

inconsciente

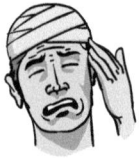

πόνος

dor

τραύμα
ferimento

αιμορραγία
hemorragia

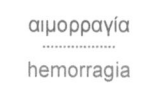

έμφραγμα
ataque cardíaco

εγκεφαλικό
acidente vacular cerebral

αλλεργία
alergia

βήχας
tosse

πυρετός
febre

γρίπη
gripe

διάρροια
diarreia

πονοκέφαλος
dor de cabeça

καρκίνος
câncer

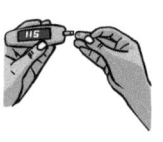

διαβήτης
diabetes

χειρουργός
cirurgião

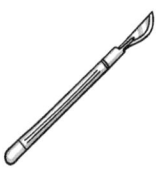

νυστέρι
bisturi

εγχείρηση
operação

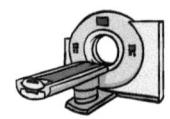

αξονική τομογραφία

CT

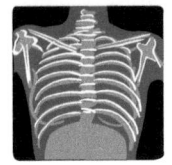

ακτινογραφία

raio x

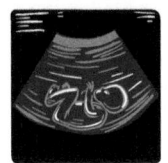

υπέρηχος

ultrassom

μάσκα

máscara

ασθένεια

doença

αίθουσα αναμονής

sala de espera

πατερίτσα

muleta

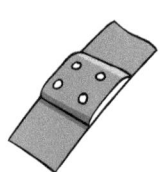

χάνσαπλαστ

bandeide

επίδεσμος

ligadura

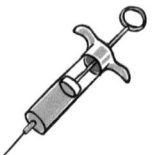

ένεση

injeção

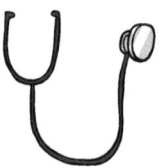

στηθοσκόπιο

estetoscópio

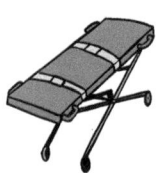

φορείο

maca

θερμόμετρο

termômetro

γέννηση

nascimento

υπέρβαρο

excesso de peso

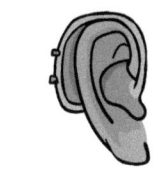

ακουστικό βαρηκοΐας

aparelho auditivo

αντισηπτικό

desinfetante

λοίμωξη

infecção

ιός

vírus

HIV/AIDS

HIV / AIDS

φάρμακο

medicamento

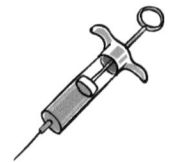

εμβολιασμός

vacinação

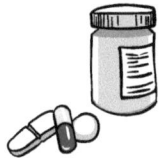

δισκία

comprimidos

χάπι

pílula

κλήση έκτακτης ανάγκης

chamada de emergência

πιεσόμετρο αίματος

dispositivo de medição de
pressão arterial

άρρωστος / υγιής

doente / saudável

Βοήθεια!

Socorro!

συναγερμός

alarme

βιαιοπραγία

assalto

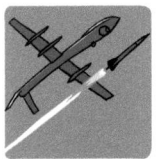

επίθεση

ataque

κίνδυνος

perigo

έξοδος κινδύνου

saída de emergência

Φωτιά!

Fogo!

πυροσβεστήρας

extintor de incêndios

ατύχημα

acidente

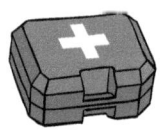

κουτί πρώτων βοηθειών

maleta de primeiros
socorros

SOS

SOS

αστυνομία

polícia

Ευρώπη

Europa

Βόρεια Αμερική

América do Norte

Νότια Αμερική

América do Sul

Αφρική

África

Ασία

Ásia

Αυστραλία

Austrália

Ατλαντικός Ωκεανός

Atlântico

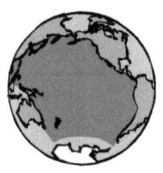

Ειρηνικός Ωκεανός

Pacífico

Ινδικός Ωκεανός

Oceano Índico

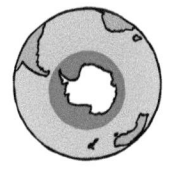

Ανταρκτικός Ωκεανός

Oceano Antártico

Αρκτικός Ωκεανός

Oceano Ártico

Βόρειος Πόλος

Polo Norte

Νότιος Πόλος
Polo Sul

Ανταρκτική
Antártica

Γη
Terra

γη
terra

θάλασσα
mar

νησί
ilha

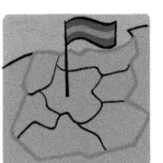

έθνος
nação

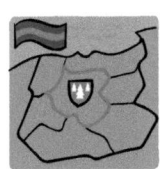

πολιτεία
estado

κανтράν ρολογιού

mostrador do relógio

ωροδείκτης

ponteiro das horas

λεπτοδείκτης

ponteiro dos minutos

δείκτης δευτερολέπτων

ponteiro dos segundos

Τι ώρα είναι;

Que horas são?

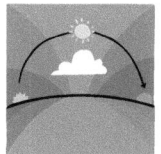

ημέρα

dia

χρόνος

tempo

τώρα

agora

ψηφιακό ρολόι

relógio digital

λεπτό

minuto

ώρα

hora

εβδομάδα
semana

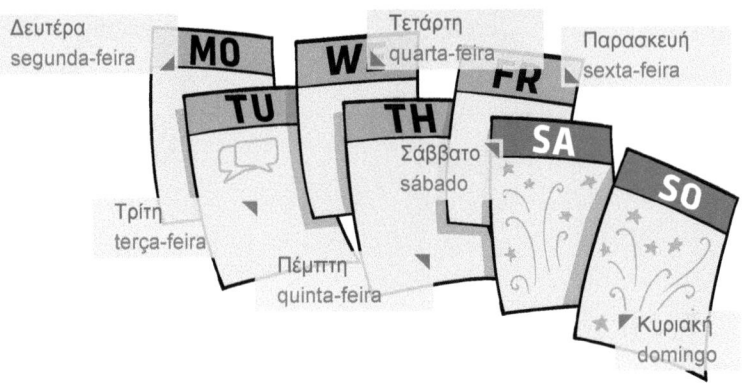

Δευτέρα
segunda-feira

Τρίτη
terça-feira

Τετάρτη
quarta-feira

Πέμπτη
quinta-feira

Παρασκευή
sexta-feira

Σάββατο
sábado

Κυριακή
domingo

χθες
ontem

σήμερα
hoje

αύριο
amanhã

πρωί
manhã

μεσημέρι
meio-dia

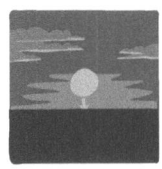

βράδυ
entardecer

εργάσιμες ημέρες
dias úteis

Σαββατοκύριακο
fim de semana

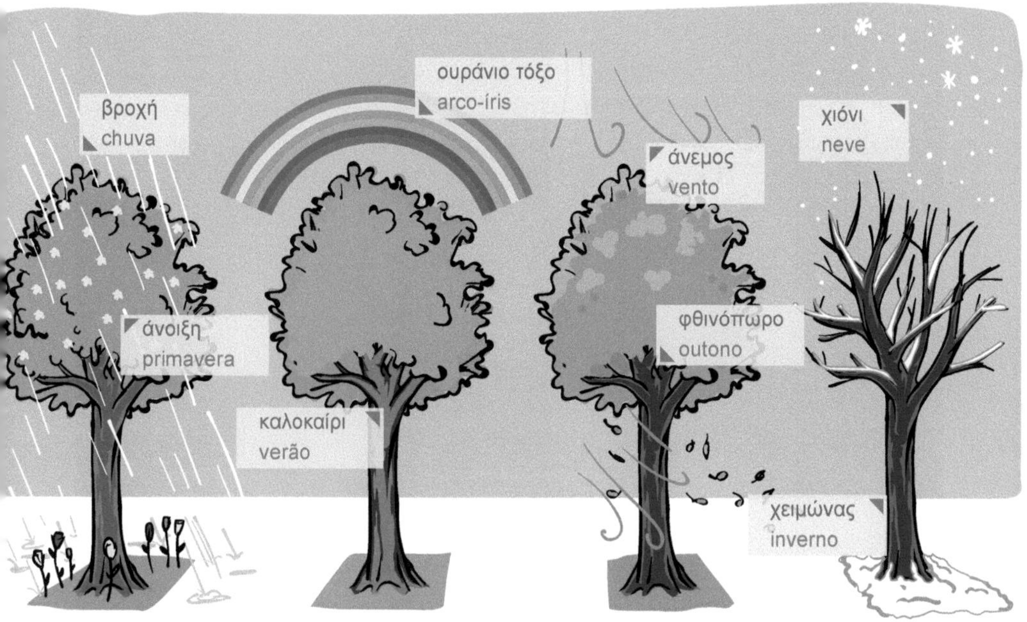

βροχή
chuva
ουράνιο τόξο
arco-íris
χιόνι
neve
άνεμος
vento
άνοιξη
primavera
φθινόπωρο
outono
καλοκαίρι
verão
χειμώνας
inverno

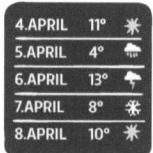

4.APRIL 11°
5.APRIL 4°
6.APRIL 13°
7.APRIL 8°
8.APRIL 10°

πρόγνωση καιρού

previsão do tempo

F C
120 90 60 30 0 -30
40 30 20 10 0 -10 -20

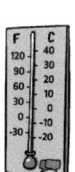

θερμόμετρο

termômetro

λιακάδα

raio de sol

σύννεφο

nuvem

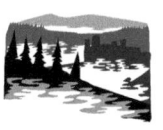

ομίχλη

neblina / nevoeiro

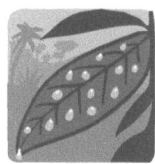

υγρασία

umidade do ar

αστραπή

relâmpago

κεραυνός

trovão

καταιγίδα

tempestade

χαλάζι

granizo

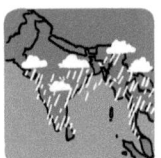

μουσώνας

monção

πλημμύρα

inundação

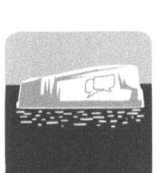

πάγος

gelo

Ιανουάριος

janeiro

Φεβρουάριος

fevereiro

Μάρτιος

março

Απρίλιος

abril

Μάιος

maio

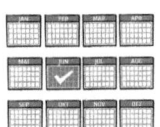

Ιούνιος

junho

Ιούλιος

julho

Αύγουστος

agosto

έτος - ano

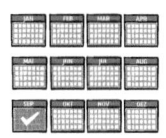

Σεπτέμβριος
....
setembro

Οκτώβριος
....
outubro

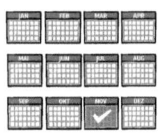

Νοέμβριος
....
novembro

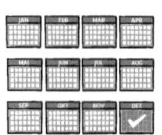

Δεκέμβριος
....
dezembro

σχήματα
formas

κύκλος
....
círculo

τετράγωνο
....
quadrado

ορθογώνιο
παραλληλόγραμμο
retângulo

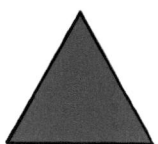

τρίγωνο
....
triângulo

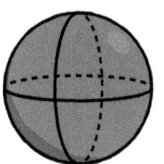

σφαίρα
....
esfera

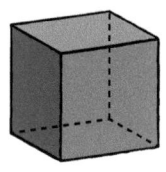

κύβος
....
cubo

άσπρο

branco

κίτρινο

amarelo

πορτοκαλί

laranja

ροζ

rosa

κόκκινο

vermelho

μωβ

lilás

μπλε

azul

πράσινο

verde

καφέ

marrom

γκρι

cinza

μαύρο

preto

πολύ / λίγο

muito / pouco

θυμωμένος / ήρεμος

furioso / tranquilo

όμορφος / άσχημος

lindo / feio

αρχή / τέλος

começo / fim

μεγάλος / μικρός

grande / pequeno

φωτεινός / σκοτεινός

claro / escuro

αδελφός / αδελφή

irmão / irmã

καθαρός / λερωμένος

limpo / sujo

πλήρης / ατελής

completo / incompleto

ημέρα / νύχτα

dia / noite

νεκρός / ζωντανός

morto / vivo

φαρδύς / στενός

largo / estreito

βρώσιμος / μη βρώσιμος

comestível / não comestível

κακός / ευγενικός

mau / gentil

ενθουσιασμένος / βαριεστημένος

entusiasmado / entediado

παχύς / λεπτός

gordo / magro

πρώτος / τελευταίος

primeiro / último

φίλος / εχθρός

amigo / inimigo

γεμάτος / άδειος

cheio / vazio

σκληρός / μαλακός

duro / macio

βαρύς / ελαφρύς

pesado / leve

πείνα / δίψα

fome / sede

άρρωστος / υγιής

doente / saudável

παράνομος / νόμιμος

ilegal / legal

έξυπνος / χαζός

inteligente / idiota

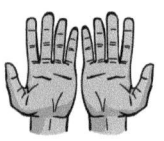

αριστερός / δεξιός

esquerda / direita

κοντινός / μακρινός

perto / longe

καινούριος /
μεταχειρισμένος
novo / usado

τίποτα / κάτι
nada / alguma coisa

γέρος | νέος
velho / jovem

αναμμένος / σβηστός
ligado / desligado

ανοιχτός / κλειστός
aberto / fechado

χαμηλόφωνος /
μεγαλόφωνος
baixo / alto

πλούσιος / φτωχός
rico / pobre

σωστός / λανθασμένος
certo / errado

τραχύς / λείος
áspero / liso

λυπημένος / χαρούμενος
triste / feliz

κοντός / μακρύς
curto / longo

αργός / γρήγορος
lento / rápido

υγρός / στεγνός
molhado / seco

ζεστός / δροσερός
ameno / fresco

πόλεμος / ειρήνη
guerra / paz

0

μηδέν
zero

1

ένα
um

2

δύο
dois

3

τρία
três

4

τέσσερα
quatro

5

πέντε
cinco

6

έξι
seis

7

εφτά
sete

8

οκτώ
oito

9

εννιά
nove

10

δέκα
dez

11

έντεκα
onze

12	**13**	**14**
δώδεκα	δεκατρία	δεκατέσσερα
doze	treze	quatorze
15	**16**	**17**
δεκαπέντε	δεκαέξι	δεκαεφτά
quinze	dezesseis	dezessete
18	**19**	**20**
δεκαοκτώ	δεκαεννέα	είκοσι
dezoito	dezenove	vinte
100	**1.000**	**1.000.000**
εκατό	χίλια	εκατομμύριο
cem	mil	milhão

Αγγλικά

inglês

Αμερικάνικα Αγγλικά

inglês americano

Μανδαρίνικα Κινέζικα

chinês mandarim

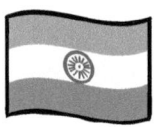

Χίντι

hindi

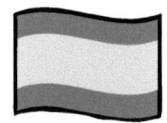

Ισπανικά

espanhol

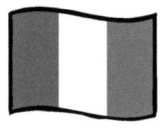

Γαλλικά

francês

Αραβικά

árabe

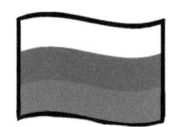

Ρώσικα

russo

Πορτογαλικά

português

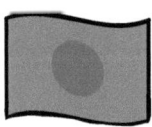

Μπενγκάλι

bengalês

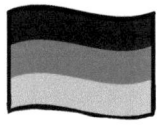

Γερμανικά

alemão

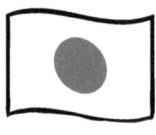

Ιαπωνικά

japonês

εγώ

eu

εσύ

você

αυτός / αυτή / αυτό

ele / ela

εμείς

nós

εσείς

vocês

αυτοί / αυτές / αυτά

eles / elas

ποιος / ποια / ποιο;

quem?

τι;

O quê?

πώς;

como?

πού;

onde?

πότε;

Quando?

όνομα

nome

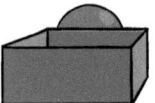

πίσω

atrás

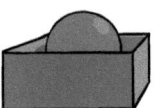

μέσα

em

μπροστά

na frente de

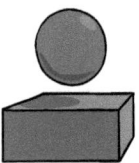

πάνω από

sobre

πάνω

em cima

κάτω

debaixo

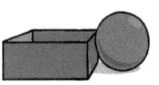

δίπλα

do lado

ανάμεσα

entre

μέρος

lugar